약물중독

최은영 저

상 담 학 Best Practice 시리즈

발간사

"상담학은 상담에 관한 이론 연구뿐만 아니라 그 실천에 대한 연구 또한 중요하다."라는 명제에 대해 대부분의 상담학도들이 동의하리라 생각된다. 현재 우리나라에는 이미 수백 명의 상담학 전문가가 활동하고 있으며 수천 명의 학생들이 전문가가 되기 위한 수련을 하고 있다. 우리 상담전문가들은 청소년, 교육, 복지, 기업, 군대, 법원, 진로개발 등 여러 분야에서 전문적 활동을 하면서 국가와 사회에 공헌하고 있다. 상담의 실제는 이미 다양한 분야와 영역에 걸쳐 발전하고 있는 것이다.

'상담학 Best Practice 시리즈'는 실제 상담현장에서 수고하는 많은 상담전문가들의 실천 경험을 기반으로 하여 기존의 상담학 교재들의 이론 중심 내용에서 벗어나, 보다 실제적이고 상담현장에서 쉽게 적용해 볼 수 있는 사례 중심의 실천적 상담교재라 할 수 있다. 상담학 Best Practice 시리즈는 상담기법 영역, 상담문제 영역, 상담 프로그램 영역, 상담자 전문성 개발 영역 등 총 4개 영역으로 구성되었다. 이론보다는 실제 사례를 통해 이론과 기법들이 사례에 어떻게 적용되는지 그

과정과 절차를 자세히 기술하여 상담자들의 실천적 지식을 높이고자 하였으므로, 상담학에 입문한 전공자나 학교 현장의 전문상담교사 그리고 전국의 청소년상담센터 상담전문가들에게 실제적인 도움이 될 수 있을 것이다.

이 시리즈는 한국 상담학계에서 활발히 활동하고 있는 상담학 교수 및 박사들로 구성된 각 영역의 전문가들이 힘을 모아서 집필한 결실이다. 이 시리즈가 출간될 수 있도록 애써 주신 집필진 모두에게 편집위원회를 대표하여 진심으로 고마움을 전한다. 아울러 상담학 Best Practice 시리즈가 출간될 수 있도록 아낌없이 지원해 주신 학지사 김진환 사장님과 최임배 편집부장님을 비롯한 관계자 여러분께도 감사드린다.

2007년
상담학 Best Practice 시리즈 편집위원회 위원장
김계현

머리말

인간은 의존적 존재로 태어난다. 신생아는 돌보는 이의 도움 없이는 생존이 불가능하다. 상담학에서 중독이란 특정 대상에 대한 신체적, 심리적 의존을 의미한다. 즉, 약물중독이란 사람들이 살아가면서 경험하는 여러 가지 고통과 어려움을 극복하거나 피하기 위하여 약물에 의존하는 현상이라고 볼 수 있다. 따라서 약물중독이라는 병적인 의존에서 벗어나려면 자신이 무엇 때문에 과도하게 약물에 의존하고 있는지를 깨달아 의존 대상을 건강하고 새로운 대상으로 대체하여야 한다.

그러나 이런 변화의 과정은 그리 쉽고 간단하지 않다. 1991년에 국립서울정신병원에서 약물중독자들을 처음 만난 이후 전국의 소년원과 서울의 한 신경정신과 그리고 한국청소년상담원 상담실에서 많은 약물중독자들을 만났다. 그들은 모두 약물 없이 반나절을 살아가는 것을 삶에서 너무 고통스럽게 여기는 사람들이었다. 그러나 동시에 그들은 그런 부담스러운 도전에 과감히 응하여 자신을 바꾸어 간 사람들이었다.

알코올중독을 비롯한 약물중독 문제는 우리 주변에서 흔히 볼 수 있지만, 의학적·상담적 해결 방법은 잘 알려져 있지 않다. 이 책에서는 약물중독을 평가하고 이해하는 방법, 약물문제를 상담하는 특별한 상담과정과 기법 및 자조집단과 치료적 공동체와 같은 상담 방법을 간략하게 소개하고 있다. 특히, 학교나 가정에서 약물문제를 상담하거나 지도하고 있는 교사나 부모 그리고 중독자 자신들이 읽고 도움을 받을 수 있도록 하였다. 따라서 각주나 참고문헌 등을 과감히 생략하고, 저자가 평소에 강의하던 내용을 서면으로 전달한다는 마음으로 집필하였다.

이 책은 모두 4개 장으로 구성되어 있다. 1장은 약물중독의 개념과 정의, 약물중독의 진단, 평가 방법을 담고 있다. 2장은 약물중독이 생기는 이유에 관한 것으로, 약물중독을 설명하는 다양한 상담 이론이 소개되어 있다. 3장에는 약물중독 문제를 상담하기 위해 필요한 상담자의 자질 및 유의점으로 시작하여, 약물중독자를 어떻게 상담하는지에 관한 구체적인 상담 방법이 상담의 과정과 기법을 중심으로 기술되어 있다.

4장은 만성적 문제인 약물중독 상담에 필요한 치료공동체 프로그램의 개념과 구체적 운영 방법을 담고 있다.

이 책을 집필하면서 많은 분들께 빚을 졌다. 먼저 하나님께 감사드린다. 그분은 모든 사람이 기대어 살아가기에 충분히 좋으시고 능력 있으신 나의 아버지이며 어머니시다. 다음으로 상담자로 턱도 없이 부족한 사람에게 마음을 열고 자기 얘기를 들려주며 나를 키워 준 많은 약물중독자들을 기억하고 싶다. 나를 상담의 길로 이끌어 주신 서울대학교 은사 박성수 선생님과 국립서울정신병원에서 약물 병동을 개척하시며 제자로 받아 주신 김경빈 선생님에게 말로 표현할 수 없는 은혜를 입었다. 이 책의 많은 부분은 2004년 서울대학교 대학원에서 '청소년 비행 및 약물중독상담'을 수강한 교육학과와 심리학과 대학원 학생들과 함께 만들어졌다. 그분들의 진지한 학문적 노력에 감사드린다. 횃불트리니티신학대학원대학교 박사과정에서 함께 공부하며 동역자로 성장해 가는 이은하 선생은 이 책의 편집을 도와줬을 뿐 아니라 언제나 내 마음의 든든한 후견인 역할을 하는 좋은 제자다.

실제적으로 이 책은 '상담학 Best Practice 시리즈'를 기획한 본 편집위원회와 학지사 김진환 사장님, 편집부 이지혜 선생님의 도움으로 세상에 모습을 드러내게 되었다.

엄마가 머리말 마지막 부분을 정리하고 있어서 하고 싶은 이야기를 못 끝내고 방금 방으로 들어간 막내아들 이민제, 언제나 엄마가 하는 일을 이해하고 격려하는 의젓한 맏아들 이민형, 나의 영원한 친구이자 따끔한 조언자인 남편은 내가 의지하고 기대어 살아가는 사랑하는 사람들이다. 모두에게 감사드린다.

2008년 4월
최은영

차 례

1
약물중독이란
무엇인가

1. 대한민국, 중독공화국

우리 민족은 중독적 성격이 강하다. 월드컵이 열리면 온 국민이 축구에 빠져 들고, 김치 냉장고가 좋다고 하면 집집마다 김치 냉장고를 들여놓는다. 한국 남성의 알코올중독 평균 유병률은 20%를 넘어선다. 우리나라 가정 가운데 적어도 다섯 가정 중 한 가정은 술 문제를 가진 아버지나 할아버지로 어려움을 겪고 있다는 뜻이다.

술과 담배는 일반적으로 우리 주변에서 가장 흔히 사용되는 약물이다. 이밖에도 한때 청소년들이 많이 사용했던 본드나 시너, 부탄가스와 같은 흡입제를 비롯하여 신경안정제 및 환각제, 기타 마약류 등이 사용되고 있다. 특히, 우리나라는 세계 최고의 흡연율과 인구 대비 최상위권의 술 소비량을 나타내고 있다.

사실 우리 선조들 가운데에는 오래전부터 술과 담배로 대표되는 약물뿐만 아니라 성(性)과 놀이 등에도 함께 빠지는 교차중독자들이 종종 있었다. 그래서 우리 할머니들이 할아버지들의 삶을 말할 때, "네 할아버지는 술과 계집과 노름에 빠져서 가산을 탕진하고 집안을 돌아보지 않았다."라고 하면서 한숨짓는 모습을 안타까운 심정으로 대하곤 했다. 또한 우리 국민은 유난히 술을 즐기며, 음주에 무척이나 관대하다. 요즘 들어 '건강한 음주 문화'를 위한 여러 가지 캠페인과 홍보 사업이 진행되어 음주 문화가 많이 개선되고는 있으나, 여전히 퇴근 후 2차, 3차로 이어지는 회사원들의 음주 문화나 맥주, 소주, 양주 등 여러 종류의 술을 섞어 마시는 폭탄주 그리고 대학 새내기들이 막걸리나 소주를 큰 잔에 부어 일명 '원샷'으로 마심으로써 치러 내는 신고식 등이 사회문제가 되고 있다. 더욱이 생활 수준이 높아지면서 언제부터인가 우리 사회에 '대리운전'이 확산되었으며, 계속되는 음주운전 단속 캠페인이나 경찰의 단속에도 불구하고 음주로 발생하는 교통사고는 쉽게 줄어들지 않고 있다. 그리고 이러한 현상의 중심에는 문제성 음주자가 자리 잡고 있다.

1) 약물중독에서 PC중독으로

한편, 2007년 보건복지부 청소년건강행태조사에 제시된 자료에 따르면, 우리나라 청소년들의 흡연 시작 연령은 점차 낮아지고 있으며(5년마다 한 살씩), 18세 청소년의 약 20%가량이 정기적으로 흡연을 하고 있고, 청소년 여자 흡연율은 성인 여자의 2배 이상을 나타내고 있다. 더욱이 흡연 시작 연령이 1998년 평균 15세에서 2006년 평균 12.4세로 내려갔다. 또한 우리나라 청소년의 음주 시작 연령도 점차 낮아져(5년마다 한 살씩), 18세 청소년의 약 반수가 음주를 하고 있고, 이 가운데 20%가량은 과도한 음주를 하고 있으며, 청소년 여자 음주율 (38.5%)은 성인 여자의 음주율(36.3%)보다 높다. 그러나 대검찰청 마약부의 단속 현황 자료에 따르면, 19세 이하 청소년들 중 환각물질 흡입사범은 2000년도 이후 해마다 약 30~40%씩 감소 추세에 있다.

그렇다면 우리나라의 흡연율이나 음주율이 크게 개선되고 있지 않는데도 불구하고 청소년들의 환각물질 흡입사범이 줄어드는 이유는 무엇일까? 그것은 과거에 환각물질에 중독되어 있던 청소년들이 1990년대 후반을 기점으로 우리나라에 급속하게 보급된 개인용 컴퓨터를 통하여 인터넷, PC 게임 등에 중독되기 시작했기 때문이다.

2) 물질중독과 과정중독

언제부터인가 성(性)중독, 일중독 등 다양한 중독 대상들이 문제로 인식되면서 약물중독뿐만 아니라 다양한 중독문제가 사람들의 관심을 끌게 되었다. 중독문제는 크게 물질중독과 비(非)물질중독으로 나뉜다. 물질중독이란 말 그대로 알코올이나 약물처럼 실재하는 어떤 화학물질에 신체적, 심리적으로 의존하는 현상을 의미하고, 비물질중독이란 실재하

는 물질이 아닌 어떤 특정 심리적 현상이나 행동을 반복하
는 데 의존하는 현상을 의미한다. 일중독, 성중독, 도박중독,
쇼핑중독, 관계중독, 분노중독, 운동중독, 종교중독 등이 대
표적인 비물질중독으로 알려져 있다. 비록 중독의 대상은
다르지만, 물질중독이든 과정중독이든 심리적으로 똑같은
'중독' 증상을 나타내는 문제라는 점에서 이 문제를 상담적으
로 다루어 가는 원리나 방법에는 공통점이 많다. 그러므로 약
물중독을 중심으로 문제를 이해하고 해결해 가는 상담적 방
법을 제시하고 있는 이 책의 지침을 참고한다면, 다른 중독문
제를 다루는 데도 도움이 될 것이라 생각한다. 약물중독과 구
별되는 각각의 다른 중독 현상에 대해서는 이 책에서 자세히
다루지 않았으므로, 이 부분은 다른 관련 서적을 참고하기 바
란다.

2. 약물중독의 정의

1) 중독＝통제 불능＋의존
중독은 사전적으로 '생체(生體)가 어떤 독물의 작용으로 예
기치 않은 반응을 일으켜 가끔 생명에 위험을 미치는 일'로
정의된다. 이 경우의 중독은 의학적, 생물학적 용어에 가까우
며 영어 intoxication을 번역한 말이다. 심리학적 의미의 중독
은 영어 addiction을 번역한 말이다. 중독에 대한 좀 더 전문적

단어는 DSM-IV라는 정신과 질병 분류 서적에 등장한다. '물질 사용장애'로 번역되는 약물중독은 Substance Dependence, 즉 약물의존으로 표현된다. 즉, 중독이란 엄밀히 말해 의지하는 것 또는 기대는 것을 의미하는 말로, 좀 더 행복한 삶을 살기 위하여 무엇인가에 지나치게 기대어 살아가는 현상이라고 할 수 있다. 중독의 또 다른 측면은 '통제 불능'으로 표현된다. 중독자들은 초기에는 자신이 중독 대상을 통제하며 그것을 통하여 행복감을 느끼고 자신의 삶을 향상시켜 나갈 수 있으나, 중독 이후에는 도리어 중독 대상에 통제당하면서 자신의 삶을 파괴시켜 간다.

그렇다면 사람들은 왜 무엇인가에 지나치게 기대어 살아가려고 하는 것일까? 이 질문에 대한 답은 사람들이 보편적으로 '중독 대상'으로부터 보상받고 있는 삶의 영역들을 살펴보면 얻을 수 있을 것이다. 아들러를 포함한 심리학자들은 사람들이 자신의 일과 인간관계 그리고 여가생활에 모두 만족할 수 있다면, 그들은 그런대로 행복한 삶을 살아갈 수 있다고 했다. 그러나 이 가운데 어느 한 가지에서 만족을 느끼지 못할 경우, 사람들은 그것을 대체할 다른 중독 대상을 찾아 나선다. 예를 들면, 어떤 사람들은 '일'이 마음먹은 대로 잘 안 될 때 술 한 잔을 생각한다. 어떤 사람들은 '인간관계'에서 외로움을 느끼거나 갈등을 경험할 때 술 생각이 나기도 할 것이다. 또 특별한 이유 없이 '할 일이 없고 심심할 때' 술자리가 떠오르는 경우도 있다. 즉, 정신적으로 건강한 사람들은 특별

한 의존 대상 없이도 자신의 '일'과 '인간관계'나 '취미와 여
가생활'에서 큰 어려움 없이 살아갈 수 있지만, 중독자들은
이 세 가지 삶의 영역에 불만과 갈등이 있기 때문에 그 부분
을 대체할 무엇인가를 찾게 된다. 즉, 약물중독자들은 '일'이
나 '인간관계' '취미나 여가생활'에서의 상실감, 분노, 지루함
등을 스스로 다룰 수 있는 능력이 부족하다.

2) 만족감을 대신할 수 있는 방법: 중독의 유형

따라서 이 세 가지 삶의 영역에서 느끼는 불만족감을 어떻
게 중독 대상으로 대체하여 가는가에 따라 중독의 종류를 생
각해 보는 것은 흥미로운 일이다. 먼저 중독의 종류에 대하여
알아본 후, 각각의 중독이 위의 삶의 영역과 어떻게 연결될
수 있는지 살펴보겠다.

강경호는 자신의 저서에서 중독의 종류를 다음과 같이 분
류했다.

- 물질중독: 알코올중독 / 약물중독 / 음식중독
- 무형의 행위중독: 관계중독 / 분노중독 / 연애중독 / 종교중독
- 유형의 행위중독: 일중독 / 도박중독 / 사이버중독 / 성중독 /
  쇼핑중독 / 운동중독

무형의 행위중독은 과정중독, 유형의 행위중독은 행위중독
으로도 불리는데, 즉 전자는 중독에 이르는 과정 자체를 즐기

는 경우이고 후자는 중독 행동 자체를 즐기는 경우다. 자세한
내용은 그의 저서를 참조하기 바란다(강경호, 2003).

그렇다면 위의 여러 가지 중독이 인간의 중요한 삶의 영역
과 어떻게 연결될 수 있을까?

첫째, 중독자들이 '일'에서 만족감을 찾는 경우다. 세상에는
직업에 실패하고 도박이나 약물에 빠지는 사람이 있는가 하
면 일의 성공을 통해 자신의 가치를 확인받고 싶어 일중독에
빠지는 사람도 있다. 인터넷 게임에 중독된 중·고등학생들
은 현실의 학업 세계에서 인정받지 못하는 자기 가치감을 사
이버 세계에서 게임을 통하여 누리고자 할 것이다. 고졸의 학
력으로 공무원 생활을 시작하여 대통령 표창을 세 차례나 받
은 어느 노인이 정년퇴직 이후 재산을 더 늘리기 위해서 인터
넷 주식에 빠져서 집을 잃은 경우를 본 일이 있는데 이 경우
는 일중독에 해당된다.

둘째, 중독자들이 만족감을 '인간관계'에서 찾는 경우다. 청
소년기에 술이나 담배에 손을 댄 학생들은 친구집단에 소속
되기 위하여 약물을 사용한 경우다. 교제하던 애인과 헤어지
고 상실감에 술에 빠져 든 청년이나, 다섯 살 때 돌아가신 어
머니의 얼굴을 떠올리기 위해 부탄가스를 불고 환상 속에서
어머니를 만나려 했던 중학생, 사이버 공간에서 채팅이나 개
인 홈피에 빠져 드는 사람들, 외설적인 동영상을 즐기는 사람
들은 모두 실제 현실의 삶에서 '인간관계'를 맺는 능력이 부족
한 사람들이다. 연구에 따르면, 쇼핑중독에 걸리기 쉬운 사람

들은 남자보다는 여자, 특히 성장 과정에서 부모들의 애정 표현을 물질을 통해 받았던 사람들에게 더욱 흔하게 나타났다.

셋째, 중독자들이 만족감을 '여가생활'에서 찾는 경우다. 일반적으로 사람들은 자신이 즐기면서 기쁘게 할 수 있는 일을 찾지 못하면 삶이 매우 무미건조해진다. 의미 있게 시간을 보낼 수 있는 그 무엇을 찾기 힘들 경우, 무료한 시간을 채울 수 있는 무엇인가가 그들에게 필요해진다. 믿기 어려운 일이지만 많은 본드 흡입 청소년들의 환상 속에 가장 흔하게 나타난 환상은 놀이동산에 가서 오락 기구를 즐기는 것이었다. 일반적으로 30, 40대 직장인들이 업무 이후 시간을 즐기는 데에 가장 많이 사용하는 장소가 '술집'이라는 것도 잘 알려진 사실이며, 요즈음 학생들이 친구들과 모여 많은 시간을 보내면서 하는 놀이는 바로 컴퓨터 게임이다.

3) 어떤 사람들이 중독자가 되는가: 중독의 이유

그렇다면 위에 소개한 여러 가지 중독 대상에 빠져 드는 사람은 누구일까?

첫째, '나는 괜찮은 사람이다.'는 느낌을 유지하려고 중독 대상을 이용하려는 사람들이다.

사람들은 누구나 마음의 평안을 구한다. 그러나 언제나 이러한 마음의 평안을 유지하며 살아가기는 힘들다. 왜냐하면 '언제나 자신은 괜찮은 사람, 사랑받고 인정받을 만한 사람'이라는 느낌으로 살아가고 싶은 바람과 달리 이를 현실에서 그 대로 느끼기란 쉽지 않기 때문이다. 중독자들은 '자신이 나쁘 다.' '자신이 완전치 못하다.'는 사실이 스스로에게 알려지지 않도록 하려고 분열, 부정, 투사 등의 원시적인 방어기제를 사용한다. 또 '괜찮은 사람'이 되고 싶은 갈망이 너무 강한 반 면, 자신감은 매우 떨어진 나머지 현재 자신이 지닌 주변 자 원으로부터 주어지는 위로만으로는 불충분함을 느껴 중독 대 상이 가져다주는 위로에 빠져 든다. 즉, 중독자들은 자기 가 치감을 유지하고, 자신이 아무것도 아니라는 고통스러운 느 낌을 없애기 위하여 중독 대상물을 사용하는 것이다.

둘째, '괜찮은 사람'이라는 느낌을 갖기 위한 삶의 기술을 적절 하게 개발하지 못한 사람들이다.

오래전 정신병원에서 언더그라운드 음악 밴드로 일하면서 진해거담제를 한 번에 30알 이상 복용하던 22세의 기타리스 트를 만난 적이 있다. 이 젊은 음악가는 더 많은 사람들과 예 술적 교감을 나누기 위해서 자신의 음악적 재능을 계발하는 데 힘을 기울이기보다는 약물이 주는 환상적인 느낌에 힘입 어 자신의 음악 세계를 표현하려 했다. 이처럼 극적인 경우가 아니더라도 우리 주변에는 한 사람의 학생이나 직업인으로서 자신의 능력을 계발하고 이를 적절하게 사용하는 데 실패하 면서 중독 대상에 의지하여 자신의 능력을 표현하려 하거나, 자신의 무능력함을 느끼지 않기 위해서 중독 대상이 주는 쾌감에 빠져 드는 사람들이 있다. 이를 극단적으로 표현하면, 자신이 '괜찮은 사람'이라는 느낌을 일에서의 성취로 경험하려고 하는 사람들은 일중독자가 되고, 삶의 기술이 미흡하여 '괜찮은 사람'이라는 느낌을 현실에서 계발하지 못하는 사람들은 그 밖의 약물이나 게임, 도박 등에 중독되어 간다.

셋째, 자신이 실제로 '괜찮은 사람'이라는 사실을 알지 못한다. 보편적으로 사람들이 자신이 살아온 과정을 돌아보며 '나는 썩 괜찮은 사람이다.'는 생각을 하기는 쉽지 않다. 이는 이 세상의 어떤 부모도 우리를 완전하게 양육시킬 수 없을 뿐만 아니라, 우리 스스로도 '나는 꽤 괜찮은 사람이다.'는 느낌을 항상 갖고 '살 수 있을 만큼 완벽한' 사람이 존재하지 않기 때문이다. 실제로 대상관계이론은 심리적으로 건강한 삶을 사는 데 '있는 그대로의 나'를 안정적으로 받아들이는 일의 중요성을 강조한다. 즉, 부모의 가치와 자신의 가치가 달라 부모에게 별로 인정받지 못하고 비난을 받으며 성장했어도 자신이 추구하는 가치에 따라 자신이 이룬 것들을 소중히 여길 수 있는 균형 잡힌 통합적 시각이 필요하다.

이상을 종합하면, 약물중독이란 일이나 인간관계, 취미나 여가생활 등의 삶의 영역에서 만족감을 느끼지 못하고 어려움을 겪는 과정에서 초래되는 고통을 약물을 사용함으로써 회피하고, 약물이 주는 자극을 추구하는 행동이 지나쳐 약물에 의존하고 있는 상태를 의미한다고 하겠다.

3. 어떤 약물을 사용하는가

1) 약물의 정의

약물은 사용 방법에 따라 긍정적인 면과 부정적인 면을 모두 가진다. 긍정적인 면은 의학에서 약물 본래의 목적을 가지고 질병을 예방 치료하는 데 사용하는 합법적인 물질(substance)을 말하고, 부정적인 면은 감정의 변화를 목적으로 의사의 처방에 따라 정해진 양을 사용하지 않고 과량을 남용하여 자기 자신의 파괴는 물론 사회적으로도 문제를 일으키는 물질을 의미한다. 또한 환각의 목적으로 사용되는 의약품이 아닌 본드, 부탄가스, 시너와 대마초 등도 광범위한 약물남용에 포함된다. 최근 알코올중독이 질병으로 간주되면서 음주, 흡연 등도 중독을 일으킬 수 있는 물질로 판명됨에 따라 중독을 일으킬 수 있는 모든 약물을 약(drug)이라는 명칭 대신에 물질(substance)이라는 용어로 통합하여 사용한다.

2) 남용약물의 종류

정신기능에 영향을 미치는 약물, 즉 사용했을 때 정신에 영향을 미치는 약물을 향정신성 약물이라고 하는데, 이 약물들은 중추신경계에 작용한다. 중추신경에 작용하는 약물은 중

추신경을 억제시키느냐, 흥분시키느냐, 두 가지 작용이 한꺼
번에 나타나느냐에 따라 크게 세 가지로 나누어진다. 중추신
경을 흥분시키는 약물을 중추신경흥분제, 억제시키는 것을
중추신경억제제, 두 가지 작용이 한꺼번에 일어나는 것을 환
각제라고 한다.

〈표 1〉 남용약물의 종류

분 류	내 용
중추신경흥분제	뇌신경 세포의 기능을 흥분시키는 약물 -담배, 카페인, 암페타민류, 코카인 등
중추신경억제제	뇌신경 세포의 기능을 억제시키는 약물 -알코올, 흡입제(가스, 본드 등), 마약류, 수면제, 신경안정제, 진해제, 항히스타민제
환각제	뇌신경 세포의 기능을 흥분시키기도 하고 억제시키기도 하는 약물 -대마초, phencyclidine(LSD/PCP)
기 타	진통제

(1) 중추신경흥분제

① 담배

담배 한 개비가 타기 시작하면 니코틴, 타르, 일산화탄소
등 약 4,000여 종의 독성 물질이 나온다. 담배 한 개비에는
1~2mg의 니코틴이 들어 있는데, 담배 한 갑을 피우면 20~
40mg의 니코틴을 마시는 꼴이 된다. 이는 필로폰이나 코카인
등 흥분제의 2회 사용량에 해당한다.

담배를 피우는 이유는 니코틴이 일시적으로 중추신경을 흥

분시켜 정신적 안정감과 긴장감을 해소해 주기 때문이다. 그러나 이러한 일시적 위안이 더 큰 재앙을 초래하는데, 니코틴은 한 번 피우기 시작하면, 습관성과 내성을 일으키고 육체적, 정신적으로 니코틴에 의존하게 되어 니코틴이 없으면 못 견디게 되는 상황이 벌어진다.

담배중독이 된 경우 30분 이내에 니코틴을 투여하지 않으면 금단현상이 나타나는데, 불안감, 긴장감, 집중력 감소 등이 그 특징적인 현상이다. 특히, 성장기에 있는 청소년에게는 더 유해하다. 청소년기는 뇌세포를 비롯한 모든 세포들이 성장, 성숙하는 시기인데, 흡연을 하게 되면 세포의 성장을 저해할 뿐만 아니라 노화를 촉진시키고 저항능력이 약해져서 각종 질병에 걸릴 위험이 높아진다.

② 카페인

가장 보편적인 중추신경흥분제로서 커피의 주성분이며 홍차, 녹차, 코코아, 콜라 등 청량음료에도 다량 들어 있다. 카페인은 소량 섭취하면 각성상태가 강화되어 졸음과 피로를 없애 주고, 심장을 빨리 뛰게 하면서 혈압을 올려 주며, 위를 자극한다. 그러나 매일 규칙적으로 장기간 섭취하면 중독 현상이 발생하여 커피를 마시지 않으면 정신집중이 안 되고, 졸리며, 맥이 빠지고, 복잡한 것을 암기하는 능력이 떨어지는 문제를 겪는다. 또한 매일 장기간 마셨을 경우, 집중곤란(산만한 사고), 흥분, 위장장애, 근육 경련, 부정맥, 이뇨, 안면홍조, 신경과민, 정신운동성 초조감 등의 현상이 나타나기도 한다.

우리나라 청소년들의 경우, 많은 학생들이 시험에 대한 불안감에 시달리다 보니 잠을 줄이려고 커피를 애용하는데, 이는 오히려 역효과를 내기 쉽다.

③ 암페타민류

필로폰은 대표적인 중추신경흥분제로서 뇌세포 내에서 정보의 전달 과정에 참여하는 효소 등에 영향을 미친다. 다량을 급성으로 투여했을 경우 뇌세포 및 뇌세포와 뇌세포 사이에 있는 효소 등이 급증하여 도취감을 일으키다가, 만성상태가 되면 효소의 뇌조직 내 용량이 결핍상태로 변하고, 결핍상태에서 필로폰을 사용하고 싶은 갈망을 느끼게 된다.

소량의 암페타민 사용으로는 호흡, 심박동, 말초혈관저항력, 혈압 등이 증가하며 식욕부진, 발한, 동공이완, 다양한 근육계통의 이완현상이 일어난다. 암페타민의 정신적 효과로는 피로감을 감소시켜 주고, 정신을 맑게 해 주는 것을 들 수 있다. 따라서 안도감이 생기며, 기분이 좋아지고, 확신감이 생기고 힘이 솟구치는 것을 느끼기도 한다.

용량이 증가하면 겉보기에는 강력하며 우월감에 빠진 것처럼 보이기도 하지만 말이 많아지고, 초조해지며, 불안 및 과민상태에 빠지다가 점차 의심증, 편집증, 환청, 환시, 의처증, 피해의식 등 중독성 정신병으로 발전하기도 한다. 또한 감정이 쉽사리 격해지며 외부적인 원인 없이도 폭력을 사용하기도 하는데, 많이 사용하는 경우는 사망에 이르기도 한다. 그 밖에 현실에 대한 지각능력의 왜곡 등이 일어난다.

④ 코카인

남용을 하면 어지러움을 느끼며 정신혼란, 위험한 환각과 피해망상, 정신병이 일어날 수도 있다. 수일 동안 억제적 기분이 계속되거나 신경쇠약을 일으킬 수 있으며, 심지어 경련과 뇌의 호흡 중추마비로 사망하기까지 한다.

코카인은 육체적 의존성(금단증상)은 비록 없지만 중독자들의 치료가 어렵다. 코카인중독자들은 마약중독자들보다 자신의 상태를 별것 아니라고 생각하기 쉽고 치료하기를 덜 원하기 때문이다.

(2) 중추신경억제제

① 술

알코올은 마취제와 구조적으로 전혀 다르지만 작용기전이 비슷한 중추신경억제제로 뇌의 기능을 둔화시키며 수면이나 마취효과를 나타내는 중독성이 강한 습관성 약물이다. 혈액 속에 흡수된 알코올의 농도에 따라 신체적, 심리적 반응이 다른데, 다량의 알코올을 단시간 내에 마시면 혈액 속의 알코올 농도가 급격히 증가하여 뇌의 조절기능이 마비될 정도이며, 사망에까지 이른다.

② **흡입제**(본드, 가스, 가솔린, 아세톤 등)

흡입제는 뇌조직에 빠르게 영향을 미친다. 또한 내성이 있으므로 한 번 사용한 후에 계속 같은 수준의 재미를 느끼기 위해서는 사용량을 늘려 가야 한다. 흡입제를 흡입함으로써 이들은 술 취한 듯한 느낌, 어지러움증, 판단 불가능 상태, 조절 불가능 상태, 외진 곳에 버려진 듯한 느낌, 당당한 느낌, 무엇이든 해낼 수 있을 것 같은 느낌 등을 경험하게 되며, 이러한 상태에서 외부로부터 약간이라도 불쾌한 자극을 받으면 그대로 감정이 폭발하여 사회문제를 일으키게 된다.

이들 흡입제의 사용 농도를 짙게 하면 뇌조직 전체가 혼돈 및 정신병 상태로 들어가 흥분, 시·공간에 대한 방향 감각 상실, 흐릿한 의식에서의 환각, 부분적인 기억상실 등을 경험하다가 의식을 잃거나 호흡기능 장애로 질식사하기도 한다.

③ **마약류**

마약은 통증을 줄여 주고 수면을 유도하는 약물이다. 마약은 천연 아편제(아편 등), 반합성 모르핀 유도체(헤로인 등), 합성 마약(메페리딘 등)의 세 가지 부류로 나뉜다.

대개 저용량일 경우는 행복감이나 불안, 공포를 일으키며, 점차 양이 많아짐에 따라 몽롱해지면서 집중력이 상실되고 복잡한 추리력이 상실된다. 과량을 사용한 경우는 혈압이 낮아지다가 혼수상태에 이르는데, 이것은 뇌의 작용을 심하게 억제하기 때문이며, 심한 경우 호흡을 조절하는 호흡중추가 마비되어 사망하게 된다.

④ 수면제

수면을 유도하고 소량 복용으로도 긴장과 불안감을 감소시켜 주는 약물로 barbital류가 가장 큰 약물군을 형성한다. 그러나 특별한 관리하에서 복용하지 않으면 내성과 의존성이 생겨 증량이 불가피해진다.

⑤ 신경안정제

신경안정제(Tranquilizer)란 중추신경계를 억제하여 긴장감과 불안감을 감소시켜 주고, 간혹 골격근 이완을 가져오는 약물로 그 완화 작용이 수면 유도에 도움을 준다. 하지만 상용량에서는 수면을 유도하지 않는다. 신경안정제의 과용으로 혼수상태, 호흡 및 순환기 장애 등도 일어날 수 있다.

⑥ 진해제 · 항히스타민제

덱스트로메트로판제인 러미라(루비킹)나 항히스타민제인 아빌 등 약국에서 손쉽게 구할 수 있는 약물이 흔히 남용되는데, 환각을 목적으로 남용하는 경우는 치료 용량의 10배 이상을 사용하게 되므로, 결국 중독을 일으켜 정신병적 증상을 보인다.

(3) 환각제

① 대마초

대마초를 상용하는 사람에게 나타나는 공통적인 증상은 무동기증후군이라는 증상이다. 이 증상은 사람을 매사에 반응이 없는 상태로 만들어 미래나 직장에 대한 의욕을 상실하게 만든다.

소량을 사용하면 약간의 도취감을 느끼거나 기분 좋은 상태가 되지만, 나중에는 수동적으로 되며 결국 아주 조용한 공상(환각)상태에 들어가게 된다. 청각력이 둔화되고 일시적인 공포나 시공감각의 변형이 일어날 수도 있다. 그러나 앞에서 지적한 대로 장기간에 걸쳐 사용하면 사회적 부적응 현상이 심각한 상태에 이르게 된다.

② 환각제

환각제는 감각, 사고, 자아인식, 감정에 변화를 일으킬 수 있는 약물을 지칭한다. 환각이라는 것은 실제로는 자극이나 대상이 없는데도 그것이 마치 실재인 양 감각적으로 느끼거나 체험하는 것을 말한다. 즉, 시간이나 장소에 대한 새로운 적응, 착란상태, 과거에 대한 꿈결 같은 회상들, 어린 시절 기억들의 재생, 착각, 공감에 대한 감각 부재, 공간과 원근의 왜곡 등과 같은 감각인식, 운동신경 협조현상, 불안감, 황홀감, 무아경, 자폐증 등과 같은 기분이나 정서, 관념의 비약, 개념과 지시물의 왜곡, 집중력 장애와 지능 장애, 비현실감, 즉 양심이나 사회규범 및 문화규범으로부터의 탈피와 같은 인성상태 등이 그 증상이다.

(4) 기타

① 진통제

우리 사회에서 진통제는 가장 일상적으로 접할 수 있는 약품으로서, 진통제를 많이 사용하는 이유는 통증을 제거하는 가장 손쉬운 방법이기 때문이다. 특히, 최근에 진해제의 일종인 러미라나 루비킹과 함께, 합성진통제인 날부핀이 환각 목적으로 사용되고 있어 문제가 된 적이 있다. 전문가들은 가급적이면 진통제의 사용을 자제할 것을 권한다.

② 누바인

누바인의 정식 명칭은 날부핀 하이드로클로라이드(Nalbupine hydrochloride)로 모르핀의 길항약이다. 진통작용과 길항작용을 가지고 있으며 특히 호흡억제 작용제로 사용된다. 이 약물은 약물의존 기왕력이 있는 환자나 정신적으로 불안한 환자에게 투약을 금지해야 하고, 연용으로 의존성이 나타날 수 있으며, 다른 중추신경억제제나 수면제, 진정제, 페노티아진류, 전신마취제, 마약성 진통제와 동시에 투약할 경우 부작용이 나타날 수 있다. 그리고 이 약물을 자주 사용하면 우울증, 불안감,

희열감, 도취감, 환각, 흥분, 비현실감과 고혈압, 저혈압, 서맥 또는 빈맥, 가려움증과 작열감, 호흡억제 및 호흡곤란 등이 발생한다. 그러나 누바인은 비마약성 진통제로서 의료용으로 빈번히 사용되며, 기존 마약을 제외하면 타 약물로 대체하기가 어려운 실정이다.

4. 약물중독은 어떻게 진단, 평가하는가

약물중독의 진단과 평가는 약물중독 상담에서 매우 중요한 과정이다. 왜냐하면 약물중독 상담은 자신이 어느 약물에 중독되었다는 것을 받아들이는 사람을 대상으로만 가능한데, 약물에 의존하는 대부분의 사람들은 자신이 특정 약물에 중독되었다는 사실을 받아들이기 어렵기 때문이다. 따라서 약물중독 상담과정에서 약물사용 정도를 정확하게 평가, 진단함으로써 약물사용자가 자신의 약물사용 정도가 너무 지나쳐 중독 또는 의존 단계로까지 발전했다는 사실을 받아들이게 도와주는 것이 약물중독 상담의 순조로운 출발점이 된다. 약물중독 정도의 진단과 평가는 약물사용자에게 '이제는 정말 사용하던 약물을 끊어야겠다.'는 변화의 의지를 강하게 할 뿐 아니라, 단약의 동기를 분명하게 고취시킬 수 있다. 또한 '나의 약물사용 정도가 도에 지나치다.'고 받아들이는 사람만이 약물사용을 중단 또는 감소시키도록 도와주는 상담자와 순조롭고 강한 협력 관계를 만들어 갈 수 있다.

약물중독자들을 상담하는 상담자들은 상담이나 심리검사와 관련된 전문적 교육 수준에 따라 아래에 기술하는 진단, 평가 도구를 활용할 수 있는 범위가 결정될 것이다. 다음에 제시되는 약물중독과 관련된 진단 또는 평가 방법을 살펴보면서 자신에게 유용한 평가 방법을 선별적으로 이용할 수 있겠다.

1) 신체검사

앞에서 설명한 과정중독 또는 행위중독 등의 비물질중독과 달리 알코올이나 약물 등 물질과 관련된 중독문제는 필연적으로 신체적 증상을 동반한다. 먼저 약물중독문제를 진단, 평가하는 데 사용될 수 있는 신체적 변화를 약물별로 알고 있으면 여러 가지로 유용할 것이다. 다음의 그림은 사용 약물에 따라 나타나는 신체적 증상들을 보여 준다. 이러한 증상들이 관찰되면 약물을 사용하고 있는지에 대해 탐색하는 것이 필요하다.

연령에 따라 10~20세라면 본드, 부탄가스 등 환각흡입물질 또는 수면제, 기침약 등을 사용할 가능성이 있다. 흡입제를 사용했을 경우 충혈된 눈, 잦은 눈물, 손발 등의 경미한 떨림이 있거나, 술 냄새가 나지 않는데도 술 취한 사람처럼 비틀거리거나, 혀가 말린 소리를 하거나, 횡설수설하는 등의 행동을 보인다. 폭력적인 언행이 증가할 수도 있고, 옷에 흡입제가 묻어 있거나 생활하는 방에서 환각흡입물질 혹은 대롱, 빨대, 비닐봉지 등이 발견되기도 한다. 만약 일반의약품을 남

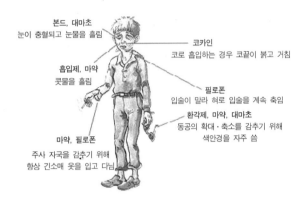

본드, 대마초
눈이 충혈되고 눈물을 흘림

코카인
코로 흡입하는 경우 코끝이 붉고 거침

흡입제, 마약
콧물을 흘림

필로폰
입술이 말라 혀로 입술을 계속 축임

환각제, 마약, 대마초
동공의 확대·축소를 감추기 위해
색안경을 자주 씀

마약, 필로폰
주사 자국을 감추기 위해
항상 긴소매 옷을 입고 다님

[그림 1] 약물남용을 알리는 신호들

용하는 경우라면 느릿느릿하게 움직이고, 발음이 불명확하고, 횡설수설하고, 눈동자가 풀려 있고, 술 냄새가 나지 않는데도 몸을 덜덜 떨면서 제대로 걷지 못하는 모습을 보일 것이다. 그밖에 의심해 볼 만한 행동으로는, 밤에 통 자지 않고 뭔가를 하는 듯하며, 밤 외출을 한다거나, 학교 성적이 갑자기 나빠지거나, 학교생활에 부적응적이며, 외박이나 가출을 하는 등 간접적으로 '약물남용 신호' 행동을 보일 수 있다. 이러한 행동들은 다른 문제를 겪고 있는 사람의 경우에도 충분히 나타날 수 있는 행동이다. 그러나 만약 그런 행동을 보이는 사람이 마약류 및 약물남용자라면 시간이 갈수록 자신을 감추는 데 신경을 많이 쓸 것이고, 되도록 외출을 삼가고 혼자 있으려고 하며, 집에서조차 남용물질이 발견되는 일이 잦아질 것이다.

20대 이후부터는 대마초, 필로폰 등의 마약류를 남용하는 경우가 생기는데, 가장 직접적인 특징은 다음과 같다.

대마초인 경우는 눈이 자주 충혈되어 있고 눈물을 많이 흘리며 마른 잎이 타는 냄새가 몸에 배어 있는 경우가 많다. 심하게 중독된 경우라면, 말을 횡설수설하고 몸의 조정능력을 상실하여 비틀거리며 급성정신질환 증세를 보이기까지 한다.

필로폰의 경우는 눈이 충혈되어 있거나 풀려 있으며, 손에 땀이 많이 나고, 입이 바짝 말라서 물을 많이 마신다. 필로폰 투약 때문에 잠을 거의 못 자서, 약효가 떨어지면 급작스럽게 깊은 잠으로 빠져 드는 모습을 보일 것이다. 식욕부진으로 급속히 체중이 감소하고 흥분해서 말이 많아지거나 환각상태를 보이기도 한다. 또 무엇보다도 마약류 구입에 따른 비용손실이 엄청나기 때문에 사업이 도산하거나 크게 빚을 지는 경우가 많다.

그밖에도 밤에 통 자지 않고 밤 외출을 한다거나, 낯선 사람들이 찾는 전화를 받으면 밖으로 달려 나가고, 직장생활을 잘 못하거나 사업을 제대로 경영하지 못하고, 외박이나 가출을 하는 등 간접적으로 '약물남용 신호' 행동을 보일 수도 있다. 이러한 행동들은 다른 문제로 어려움을 겪고 있는 사람의 경우에도 충분히 나타날 수 있는 행동이다. 하지만 만약 이런 행동을 보이는 사람이 마약류 및 약물 남용자라면, 시간이 갈수록 자신을 감추려고만 하고 가까운 친구나 친척을 멀리하면서 자기 방에 혼자 있으려고 한다. 그러다가 결국 중독상태

에 이르면 집에서까지 주사를 맞는 모습을 보이거나, 대마잎
을 말아서 피우는 모습을 보이는 일이 잦아진다.

2) 행동관찰

신체 증상 다음으로 행동을 자세히 관찰하고 살펴보는 것
도 약물중독문제를 평가하는 데 크게 도움이 된다. 다음과 같
은 행동들이 자주 발견되면 약물문제를 염려해 볼 수 있다.
상담자가 직접 상담 장면에서의 내담자를 관찰하거나, 가족
또는 교사와의 면담을 통해 아래 행동들이 있었는지를 확인
해 볼 수 있을 것이다.

예시 1

1. 학교를 자주 빠지고, 숙제를 잘 안 한다.
2. 집에서의 생활 방식에 변화가 온다.
3. 신체적인 쇠약감을 호소한다.
4. 신변에서 약물이 발견되며, 남의 눈치를 자주 살핀다.
5. 검은 눈동자가 동그랗게 커져 있거나, 작아져서 풀려 있다.
6. 약물 구입 때문에 친구에게 돈을 자주 빌리며, 부모에게도
   많은 돈을 요구한다.
7. 집에 있는 물건을 내다 팔고, 돈을 훔친다.
8. 약물을 사용하기 위해 음침한 곳을 자주 찾으며, 방문을 자
   주 닫아걸고 방에서 잘 나오지 않는다.

예시 2

1. 행동에서 설명할 수 없는 변화가 나타난다.
2. 가벼운 증상은 식사를 거르는 등 일상생활에 무관심해지거나 침울해지는 것이다.
3. 일의 수행이나 집중력에 심각한 영향을 끼친다.
4. 어린 시절의 성격에 따라 흥분하거나 침울해하기도 하는데, 어떤 경우는 행동이나 인격에 변화를 줄 수도 있다.
5. 학교 또는 직장 출근, 작업의 질, 성적, 작업 생산성, 준법성 등에 갑작스러운 변화가 일어난다.
6. 비정상적으로 화를 내거나 감정이 폭발한다.
7. 책임 회피의 태도를 보인다.
8. 전체적인 태도에 변화를 보인다.
9. 외모가 보기 싫게 변한다.
10. 행위와 소유 감정에서 은밀해진다.
11. 동공의 축소나 확대를 감추려고 적절하지 못한 장소나 시간에도(실내 또는 밤) 색안경을 쓴다.
12. 주사 자국을 감추려고 소매가 긴 옷을 계속 입고 다닌다.
13. 이미 우리가 알고 있는 약물남용자와 알고 지낸다.
14. 부모나 친구로부터 평소와 다르게 자주 돈을 빌린다.
15. 타인으로부터 주의나 의심을 피하려고 외형이나 생활 태도를 의식적으로 두드러지지 않게 하려고 한다.
16. 약물을 가져오려고 창고, 옷장, 지하실과 같은 장소에 이유 없이 자주 드나든다.
17. 개인위생에 무관심해진다.
18. 행동에 갑작스러운 변화(취미나 운동에 대한 관심 저하, 사

회활동에 대한 관심 저하, 빈번한 결석, 갑작스러운 성적 저
하)가 생긴다.

19. 변덕스러워지거나 우울해진다.

20. 멍청한 상태로 앉아서 허공을 쳐다본다.

21. 옷이나 장식에 대한 관심이 저하(특히 이전에 깔끔했거나 관
심이 많았던 젊은이의 경우)된다.

22. 이성에 대한 관심이 적어지거나 아주 없다.

23. 졸린 듯한 태도를 보인다.

24. 사소한 일에도 쓸데없이 자주 웃는다.

25. 담배나 알코올성 음료 또는 그 둘 모두의 사용이 증가한다.

3) 면담

약물사용자들의 신체 증상이나 행동관찰 등은 객관적으로
파악할 수 있는 정보들이지만, 약물중독자들과 면담을 통해
그들의 상태와 배경에 관한 정보를 알아내는 일은 그리 쉬운
일이 아니다. 왜냐하면 약물을 사용하는 사람들이 기본적으
로 갖고 있는 죄책감이나 약물을 계속 사용하고 싶은 마음 때
문에 상담자에게 정확한 사실을 솔직하게 말하기가 쉽지 않
기 때문이다. 따라서 면담을 통해 중독자들을 조력하기 위한
정확한 정보를 얻으려면, 상담자는 우선 상담과정 전체를 명
확히 구조화하고, 이들과의 협력 관계를 형성, 유지하여야 한
다. 예를 들면, 중독자들이 제공하는 정보에 대해 비밀을 철
저히 보장한다는 약속, 정확한 정보가 상담에 크게 도움이 된
다는 사실, 약물사용을 중지하는 것이 무척 어려운 일이지만

상담을 통해 얼마든지 약물을 끊을 수 있으며 그러기 위하여 상담자에게 정확한 정보를 제공하는 것이 꼭 필요하다는 사실 등에 대하여 분명히 알릴 필요가 있다. 약물중독문제를 가진 내담자의 전반을 파악하기 위한 질문들을 항목에 따라 나열하여 보면 다음과 같다.

내담자 기본 자료

1. 날짜:
2. 이름:
3. 나이:
4. 성별:
5. 결혼 상태:
6. 자녀:
7. 거주지:
8. 함께 거주하는 사람:
9. 거주 기간:
10. 학력(최종학력을 기록한다):
11. 직업:
12. 정보 제공자의 특성들(내담자가 하는 이야기를 믿을 수 있겠는가? 만일 그렇다면 '신뢰 가능한 정보제공자'라고 쓴다. 만일 믿을 수 없다면 왜 믿을 수 없는지 기록한 후 '의심스러운 정보제공자'라고 기록한다):
13. 주호소 문제(상담을 받게 만든 내담자의 주요 문제를 내담

자의 용어를 사용해서 기록한다. 만약 다른 사람이 주호소
문제에 대한 정보를 준다면, 정보 제공자로서 그 사람을 목
록에 포함시킨다):

14. 현 병력(내담자에게 현재의 주호소 문제를 야기한 것으로
    추측되는 이야기를 듣고 기록한다. 예를 들면, "아이들은
    성장할 때 자신이나 가정에서 엄마, 아빠의 일이 잘 풀릴
    때와 잘 안 풀릴 때를 정말로 정확하게 알고 있습니다. 당
    신의 유년시절로 돌아가서, 언제부터 당신에게 좋지 않은
    일이 시작되었는지 이야기해 주세요. 그 시점부터 모든 이
    야기를 저에게 해 주세요. 그리고 무엇이 현재 시점에서 상
    담을 받기 위해 이곳에 오게 했는지도 이야기해 주세요."):

[현 병력]
 1. 초발 연령:
 2. 약물사용 기간:
 3. 음주 패턴("당신은 어떻게 마시나요? 폭주하거나 매일 마
    시나요? 아니면 하루 종일 마시는지, 아니면 일이 끝난 후
    에만 마시는지요?):
 4. 음주 결과("신체적, 심리적 그리고 사회적 문제들이 음주
    때문에 유발되거나 악화됐나요?"):
 5. 이전 치료 경력("이전에 누구에게 진찰받았고 치료는 어떤
    것이었나요? 결과는 어떠했나요?):
 6. 일시적 의식상실:
 7. 내성:
 8. 금단 증상:

[과거력]

1. 태어난 곳:
2. 생일:
3. 발달 이정표("자라면서 경험한 특별한 사건이 있었다면 무엇인가요?"):
4. 양육("누구와 자랐나요?"):
5. 인종/문화적 영향들:
6. 가정("성장기 때 당신의 집에 대해 어떤 느낌이 들었나요?"):
7. 학교("학교에서 당신은 어떤 유형의 아이였나요? 다른 아이들이나 교사들과 잘 지냈나요?"):
8. 고등학교("고등학교에서는 어떤 학생이었나요?"):
9. 대학("대학에서는 어떠했나요?"):
10. 군병력("군대에 다녀왔나요? 얼마나 오래 있었죠? 당신의 최고 계급은 무엇이었죠? 당신은 명예롭게 제대했나요?"):
11. 직업력("간단하게 당신의 직업력에 대해 이야기해 주세요. 어떤 종류의 일을 했나요?" 가장 오래 했던 일과 마약이나 알코올 사용의 결과를 포함시킨다.):
12. 고용 만족도("현재의 일을 얼마나 오래 했나요? 당신은 고용돼서 행복했나요?"):

[기타 개인사]

1. 재정사("현재 재정 상태는 어떤가요?"):
2. 도박("도박과 관련된 문제가 있었나요?"):
3. 성적 오리엔테이션("첫 성 경험 때 당신의 나이는 몇 살이었나요? 동성 접촉을 해 본 적이 있나요?"):

4. 성적 학대("성적으로 학대받은 적이 있나요?"):
5. 신체적 학대("신체적 학대를 받은 적이 있나요?"):
6. 현재 성 경험사("당신은 현재 성적 문제가 있나요?"):
7. 대인관계("당신의 인간관계와 우정 패턴을 간략히 묘사해 보세요."):
8. 치료에 대한 사회적 지지:
9. 영적 오리엔테이션:
10. 법적 문제("현재 당신은 법과 관련된 문제가 있나요? 경찰에 붙잡힌 적이 있나요?"):
11. 장점("당신의 강점, 좋은 점은 무엇입니까?"):
12. 약점("당신의 약점, 좋지 않은 점은 무엇입니까?"):
13. 여가생활(레저)("놀고 오락을 즐기거나 재미를 위해서 당신은 무엇을 합니까? 당신의 약물남용에 영향을 끼친 것은 무엇입니까?"):

[의학적 병력]
1. 질병("작은 것이라도 홍역, 유행성 이하선염, 수두와 같은 신체적 질병을 앓은 적이 있나요?"):
2. 입원력("병원에 입원한 적이 있나요?" 각각의 입원에 대해 이유를 적는다):
3. 알레르기("어떤 종류의 알레르기가 있나요?"):
4. 현재의 투약("어떤 약을 먹고 있나요?"):

[가족력](가족과 관련된 자세한 사항은 '가족상담' 부분 참조)
1. 아버지:

2. 어머니:

3. 정신병리와 관련하여 중요한 다른 사람들:

[심리 및 정신 상태]

1. 우울("2주 이상 우울하거나, 하루의 대부분을 기분이 가라
앉아 있다고 느낀 적이 있습니까?"):

2. 불안("2주 이상 불안하거나, 하루의 대부분을 안절부절못
한 상태로 지낸 적이 있습니까?"):

3. 기억력:

  a. 즉시적 기억력("주의 깊게 들으세요. 제가 숫자를 불러
    줄 테니, 그것을 따라하세요." 앞으로 따라하기 및 거꾸
    로 따라하기):

  b. 최근 기억(세 가지 사물을 이야기하고, 몇 분 후에 묻는
    다. 5분 후에 세 가지를 모두 말해야 정상이다.):

  c. 원격 기억(어젯밤의 저녁 식사나 오늘 아침 식사가 무
    엇이었는지 물을 수 있다.):

4. 충동 통제력("자신의 충동을 통제할 수 있는 정도를 평가해
보세요."):

5. 판단력:

6. 병식:

7. 치료에 대한 동기:

[면담 결과 요약]

  내담자의 어린 시절부터 시작해서 당신이 들은 것과 관찰한
것을 모두 요약하여, 중독문제를 중심으로 다음 항목에 대해

평가를 내린다.

1. 급성 중독 그리고/또는 금단 합병증
2. 생리 의학적 상태 또는 합병증
3. 정서적/행동적 합병증
4. 치료 순응 또는 저항
5. 재발 가능성
6. 재발 환경

마지막으로 DSM의 진단 체계를 사용해서 문제들을 진단한다.

참조: 『알코올 전문 치료자가 되는 길』, 하나의학사.

이상에서 설명한 것과 같이 면담을 통하여 드러난 약물중독자들의 행동, 정서, 발달사 및 현재 적응 상태를 종합적으로 평가하여 중독의 정도를 평가한다.

4) DSM 분류체계에 따른 진단

DSM(Diagnostic and Statistical Maunal for Mental Disorder) 진단 체계에는 약물중독문제뿐만 아니라 우울, 불안, 신체화 장애, 정신분열증 등 심리적 문제 등이 포함되어 있으며, 주로 심리적, 정신적 문제의 전문가들이 사용한다. 이 분류체계 가운데 특히 물질의존의 진단 기준에 해당되는 내성이나 금단 증상과 같은 개념들은 약물중독 현상을 이해하는 데 유용하다.

(1) DSM-IV에 따른 약물중독의 진단

약물중독과 관련된 DSM-IV에 따른 진단명은 물질관련장애 (Substance-Related Disorder)다. 물질의존(substance dependence), 물질남용(substance abuse), 물질중독(substance intoxication) 그리고 물질금단(substance withdrawal) 등이 이 진단에 포함되어 있다. 대부분의 마약과 음주의 경우, 이 네 가지 요인에 모두 해당된다. 단, 담배의 주성분인 니코틴의 경우는 물질의존과 물질금단에만 해당된다.

① 물질의존(substance dependence)

물질의존에는 물질추구행동(substance seeking activities)과 병적 사용을 강조하는 행동적 의존(behavioral dependence)의 두가지 개념이 포함된다. 심리적 의존이란 긴장과 불편한 감정을 피하기 위하여 물질을 갈망하는 상태로서 습관성(habituation)과 유사한 개념이다. 신체적 의존이란 내성이 생긴 상태이며, 물질을 중단하면 그 물질의 특징적인 금단증후군이 나타나는 상태를 말한다. 내성(tolerance)은 반복 사용했을 때 효과가 점차 감소하거나 같은 효과를 얻기 위해서 점차 용량을 증가시켜야 하는 것을 의미한다. 중요한 점은 심리적 의존이나 신체적 의존 모두가 뇌의 생리적 변화를 반영한다는 점이다.

② 물질남용(substance abuse)

물질남용이란 임상적으로 상당한 장애 또는 곤란을 가져오면서 다음 중 하나 (또는 그 이상)로 발현되며, 12개월 이내에 발생하는 물질사용의 부적응 양상을 의미한다.

- 거듭되는 물질사용 때문에 직장, 학교 혹은 집에서 맡은 주요 임무를 수행할 수 없게 되는 경우다.
- 신체적으로 해가 되는 상황에서도 물질을 거듭 사용한다.
- 물질과 관련된 법적 문제가 자꾸 생긴다.
- 물질의 영향들이 원인이 되어 지속적이고 반복적으로 악화되거나 반복적인 사회적 혹은 대인관계의 문제들이 발생하는데도 물질을 계속 사용한다.

그리고 이상의 증상들이 같은 종류의 물질에 대한 물질의존 기준을 만족시키지 않는 경우, 약물남용으로 진단한다.

③ 물질중독(substance intoxication)

물질중독이란 물질을 흡수하거나 그 물질에 노출되지만 다시 정상으로 돌아갈 수 있는 상태를 의미하며, 물질이 중추신경계에 영향을 미쳐 의학적으로 특징적인 부적응 행동이나 심리적 변화 현상을 일으키는 경우를 말한다. 예를 들면, 순간적으로 다량의 연탄가스에 노출되었을 경우, 잠시 의식을 잃을 수 있으나 시간이 지나면 건강 상태가 다시 정상으로 회복되는 경우가 이에 해당된다.

④ 물질금단(substance withdrawal)

물질금단이란 다량의 물질을 오랫동안 사용한 후 중단하거나 용량을 줄였을 때 나타나는 구체적인 증상을 의미하는데, 이런 증상은 사회, 직장, 또 다른 중요한 부분에서 손상을 초래한다. 알코올중독자가 술 마시기를 그칠 수 없어 아침에 눈을 뜨자마자 다시 술을 마시게 되고, 결국 술에 취해 직장에 나갈 수 없는 상태를 그 예로 들 수 있다.

DSM-IV에는 알코올 외에 물질의 종류에 따라 암페타민, 카페인, 대마, 코카인, 환각제, 흡입제, 니코틴, 아편, 펜사이클리딘, 진정제, 수면제, 항불안제 등의 관련 물질사용장애에 관한 진단 기준이 자세히 제시되어 있다. 위에서 설명한 물질의존, 물질남용, 물질중독, 물질금단에 대하여 DSM-IV에 제시된 진단 기준은 다음과 같다.

물질의존 진단 기준

임상적으로 심각한 장애나 고통을 일으키는 부적응적인 물질사용 양상이 다음에 열거한 진단 항목 가운데 3개(또는 그 이상) 항목으로 지난 12개월 사이에 어느 때라도 나타난다.

(1) 내성, 다음 중 하나로 정의된다.

    (a) 중독이나 원하는 효과를 얻기 위해 매우 많은 양의 물질이 요구된다.

    (b) 동일 용량의 물질을 계속 사용할 경우, 그 효과가 현저히 감소한다.

(2) 금단, 다음 중 하나로 나타난다.

    (a) 물질에 특징적인 금단증후군(특정 물질금단에 대한 진단 기준 A와 B 참조)이 나타난다.

    (b) 금단 증상을 완화하거나 피하려고 동일(또는 유사) 물질을 사용한다.

(3) 원래 의도했던 것보다 훨씬 많은 양을 사용하거나 훨씬 오랫동안 물질을 사용한다.

(4) 물질사용을 중단하거나 조절하려고 계속 노력하지만 뜻대로 안 된다.

(5) 물질을 구하거나(예: 여러 의사를 방문하여 물질을 구하거나 먼 곳까지 물질을 구하러 다닌다), 물질을 사용하거나(예: 줄담배), 또는 물질의 효과에서 벗어나기 위해 많은 시간을 보낸다.

(6) 물질사용 때문에 중요한 사회적, 직업적 활동 및 여가 활동을 포기하거나 줄인다.

(7) 물질사용 때문에 신체적, 정신적 문제가 지속적이고 반복적으로 생긴다는 것을 알면서도 계속 물질을 사용한다(예: 코카인으로 우울증이 유발되었음을 알면서도 코카인을 사용하고, 알코올로 궤양이 악화된다는 것을 알면서도 계속 음주를 한다.).

물질남용 진단 기준

A. 임상적으로 심각한 장애나 고통을 일으키는 부적응적인 물질사용 양상이 다음에 열거한 항목 가운데 1개(또는 그 이상) 항목으로 지난 12개월 동안에 나타난다.

(1) 반복적인 물질사용으로 직장, 학교, 가정에서의 중요한 임무를 수행하지 못한다(예: 물질사용과 관련해서 반복적으로 결근하거나 업무 수행이 불량하다. 물질사용과 관련되어 결석하거나 정학, 퇴학을 당한다. 중독 때문에 자녀를 돌보지 않고, 집안 일을 등한히 한다.).

(2) 신체적으로 해를 주는 상황에서 반복적으로 물질을 사용한다(예: 물질사용으로 장애가 초래된 상황에서 차를 운전하거나 기계를 조작한다.).

(3) 반복적으로 물질사용과 관련된 법적 문제를 일으킨다(예: 물질사용과 관련된 탈선 행동으로 체포된 경험이 있다.).

(4) 물질의 효과로 사회적 문제나 대인관계 문제가 지속적으로 또는 반복적으로 야기되거나 악화되지만 계속 물질을 사용한다(예: 중독의 결과로 배우자와 언쟁하거나 몸싸움을 한다.).

B. 증상이 동일 물질군에 대한 의존의 진단 기준을 충족시킨 적이 없었다.

물질중독 진단 기준

A. 최근의 물질 섭취(또는 노출)에 따른 가역적이고 물질 특이적 증후군 발생

주의: 다른 종류의 물질도 유사하거나 동일한 증후군을 나
타낼 수 있다.

B. 물질이 중추신경계에 작용해서 생긴, 임상적으로 심각한 부
적응적 행동 변화나 심리적 변화(예: 호전성, 기분의 동요,
인지 장애, 판단력 장애, 사회적 직업적 기능 장애)가 물질
사용 중 또는 물질사용 직후 나타난다.

C. 증상이 일반적인 의학적 상태에 따른 것이 아니며, 다른 정
신장애로 잘 설명되지 않는다.

물질금단 진단 기준

A. 과도하게 장기간 사용하던 물질의 중단(또는 감소)으로 물
질 특유의 증후군이 발생한다.

B. 물질 특유의 증후군이 사회적, 직업적 및 다른 중요한 기능
영역에서 임상적으로 심각한 고통이나 장애를 초래한다.

C. 증상이 일반적인 의학적 상태에 따른 것이 아니고, 다른 정
신장애로 잘 설명되지 않는다.

5) 자가체크리스트

이밖에 김경빈(1991)이 개발한 약물중독선별검사표를 비롯
한 약물중독과 관련된 여러 가지 자가체크리스트는 손쉽게
중독자들의 중독 정도를 알아볼 수 있도록 도와준다. 뿐만 아
니라, 약물중독 여부를 받아들이고 상담에 임할 수 있는 동기
를 만들어 주기 때문에 특히 유용하다. 혹 자신이나 가족 가

운데 약물사용자가 있다면, 다음의 자가중독선별검사표를 사용하여 객관적으로 점검해 보는 것이 어떨까?

약물중독선별검사표

1. 약물을 조절해서 사용하려 하지만 잘 안 된다.
2. 예전보다 약물의 사용량이 많이 늘어났다.
3. 주변에서 약을 끊으라고 하지만, 그 말이 마음에 잘 와 닿지 않고 반발심만 생기며, 마음과 머릿속에서도 약 생각이 잘 지워지지 않고 자주 떠오른다.
4. 약물을 하고 싶은 충동이 일어나면 거의 참을 수 없다.
5. 약물을 일단 사용하기 시작하면 멈출 수 없다.
6. 정신적 고통(예: 화남, 슬픔, 지루함 등)을 잊기 위해 약물을 사용한다.
7. 최근에 약물사용 중의 일을 기억하지 못하는 경우가 몇 번 있었다.
8. 혼자 약물을 사용하는 것을 좋아한다.
9. 약물사용 전후에 자살 충동(자살하고 싶은 마음)을 느낄 때가 있다.
10. 내가 불쌍하다는 생각(자기 연민)이 자주 든다.
11. 약물 때문에 친구가 떨어져 나갔다.
12. 약물 때문에 가정에 문제가 일어나고 있으며, 내가 나가게 되거나(가출), 가족들이 나를 나가라고 한다(위협이나 내쫓김).

12개 항목을 스스로 검토하여 체크한 결과, 해당되는 항목이 0~3개이면 약물남용, 4~6개이면 약한 약물중독, 7~9개에 해당되면 조금 심한 약물중독, 10~12개이면 아주 심한 약물중독으로 평가한다. 이 밖에 한국마약퇴치운동본부(www.drugfree.or.kr) 자료실 등 인터넷 검색을 통해 얻을 수 있는 다양한 자가체크리스트를 활용할 수 있다.

2
약물중독은 왜 생기는가

김씨 댁에는 세 아들이 있다. 그 가운데 둘째 아들은 알코올중독자로 살아가지만, 첫째와 셋째 아들은 약물문제 없이 지내고 있다. 그렇다면 왜 같은 가정에서 성장했는데 유독 둘째 아들만 알코올중독에 걸린 것일까? 이 문제에 대한 대답은 간단하지 않다. 만일 누군가가 첫째 아들과 둘째 아들의 유전적 성향이 달라서 그렇다고 답한다면, 이는 약물중독을 생물학적 이론으로 설명하려는 사람이다. 그 둘을 어머니가 키울 때 첫째 아들은 편안한 마음으로 즐겁게 키웠지만 둘째 아들이 태어날 무렵 어머니가 우울증을 앓으면서 아이를 힘들게 키워서 그렇다고 대답한다면, 이는 어머니와 아들 사이의 관계를 중심으로 중독문제를 설명하는 가족상담이론 또는 대상관계이론의 입장에서 중독을 설명하는 것이다. 첫째 아들과 둘째 아들이 세상을 바라보고 해석하는 방법이 달라서 그렇다고 한다면, 이는 인지상담이론으로 중독을 설명하는 것이다.

• 비슷한 환경에서 성장하는데 왜 특정한 사람들만이 약물중독에 빠지는가?
• 약물중독자들이 공통적으로 가지고 있는 성격적 특성이 존재할까?
• 심리적으로 약물중독문제는 어떻게 설명될 수 있을까?

위와 같은 문제에 대한 대답으로 생각해 볼 수 있는 것이 약물중독문제와 관련된 심리학적 이론들이다. 기본적으로 상담이론들은 사람들에게 문제가 발생하는 원인이나 과정을 설명하고 있으며, 그에 대한 해결 방향을 제시하고 있다. 따라서 약물중독문제와 관련된 몇 가지 상담이론을 살펴보는 것은 약물중독문제가 발생하는 이유를 알아보고, 그에 대한 치료 및 예방 방향을 설정하는 데도 도움을 준다.

1. 정신분석이론

정신분석이론에서는 약물중독에 대해 두 가지로 설명하고 있다. 하나는 약물을 통한 유쾌감을 경험하기 위하여 약물을 사용한다는 것이고, 다른 하나는 고통스러운 결과를 피하는 능력이 모자라서 불쾌한 감정을 피하려고 약물에 빠진다는 것이다. 알코올은 직접적인 감각적 만족보다는 불안과 갈등으로부터 해방되었다는 안전감을 더 느끼게 한다고 알려져 있다. 정신분석이론에 따르면, 적응적 행동을 하기 위해서는 자아의 세 요소, 즉 원초아, 자아, 초자아가 조화롭게 기능해야 하며, 이 요소들의 기능은 심리 성적(psycho-sexual) 발달 단계를 거치면서 발전한다. 이 이론에선 약물중독 및 기타 정신병적 행동을 이 발달 단계의 장애로서 자아의 세 요소가 파괴적인 상호작용을 하는 데 있다고 본다. 정신분석이론에서는 중독에 기여하는 부적응적인 행동의 원인을 감각적 만족의 추구, 자아 요소 간의 갈등에 따른 방어기제의 발달, 유아기에의 고착으로 보고 있다.

1) 감각적 만족의 추구

앞에서 언급한 것과 같이 약물중독자들은 약물을 통한 유쾌감을 경험하기 위해서, 또는 고통스러운 감정을 피하기 위해서 약물을 사용한다고 알려져 있다. 다시 말하면, 그들은 스스로 자신의 기분을 조절하는 기능이 부족하다. 그렇다면 '자신의 기분을 조절한다.'는 말의 의미는 무엇일까?

정신분석이론에 따르면, 중독자들은 프로이트(S. Freud)의 다섯 가지 발달 단계 가운데 가장 처음 단계인 구강기로의 고착이 이루어진 사람들이다. 구강기란 태어나서 첫 1년에 해당되는 시기로, 주로 이 시기에 어린 아기들은 어머니의 젖가슴과의 접촉을 통하여 세상을 경험한다. 배가 고플 때 어머니의 젖꼭지를 통해 들어오는 따뜻한 젖을 먹으며 배고픔의 고

통을 달랜다. 구강기란 특히 입 주변이 사람들에게 성적 쾌감
이 느껴지는 신체 부위라는 의미다. 즉, 어머니의 젖가슴과
자신의 입술의 마찰, 젖꼭지를 물고 빨 때 느껴지는 쾌감이
어린 아기에게는 매우 강하게 느껴진다는 뜻이다. 따라서 어
린 아기가 혹 기분이 좋아지고 싶을 때 어머니의 젖가슴에 입
술을 갖다 대고 빨거나 부비는 경험을 함으로써 자신의 기분
을 좋게 만들 수 있다.

약물중독자들이 구강기 고착 현상을 나타낸다는 뜻은 자신
의 기분이 좋지 않을 때 마치 어린 아기가 어머니의 젖가슴을
통하여 자신의 기분을 조절하려 하듯이, 약물중독자들은 약
물사용을 통하여 자신들의 기분을 다루려 한다는 의미다. 특
히, 약물사용자들은 '나는 변변치 않은 존재다.' '세상을 살면
서 내 마음대로 되는 것이 없고, 항상 실패자라는 기분을 피
할 수 없다.' 등 주로 그들의 자존감과 관련된 우울감 또는 좌
절감에 시달린다. 다시 말하면, 약물중독자들은 생애 초기에
그들을 양육했던 사람으로부터 '완전한 돌봄'을 받았든지, 아
니면 그 반대로 '돌봄의 박탈'을 경험한 사람이라고 할 수 있
다. '완전한 돌봄'을 받았던 사람들은 살아가면서 좌절감, 실
패감, 낭패감 등을 거의 경험하지 못해서, 자신이 이처럼 어
려운 상황에 놓이는 것을 받아들이지 못하고 피하고 싶은 마
음이 들 것이다. 이때 약물은 자신의 이런 부정적 감정을 무
디게 만들어 주고, 실제로 인생에서 경험하기 힘든 짜릿한 기
분까지도 선사한다. '돌봄의 박탈'을 경험한 사람들은 '세상에

서 나를 가장 사랑하고 아껴 주어야 할 어머니조차도 자신을 버렸다.'는 생각에 자신의 가치를 제대로 인식하지 못한 상태로 외롭게 살아간다. 약물은 이런 사람들에게 역시 외로움, 절망감 등에서 빠져나올 수 있도록 도와주며, 흥분되고 짜릿한 감정까지 긍정적으로 경험할 수 있도록 한다.

2) 자아 요소 간의 갈등: 방어기제

정신분석이론에 따르면, 성격을 이루는 세 가지 구성 요소 가운데 초자아와 원초아는 항상 갈등과 긴장 관계에 있기 마련이다. 왜냐하면 초자아는 양심과 도덕의 원리에 따라 움직이며 '나는 당위적으로 이러이러해야 한다.'는 목소리를 내면에서 내는 데 반하여, 원초아는 본능의 욕구에 따라 움직이며 '나는 그저 이것을 원하니 먹고 싶다, 갖고 싶다, 하고 싶다.'는 목소리를 내고 있기 때문이다. 이 두 가지 요소 간의 갈등을 해결하기 위하여 세 번째 성격의 구성 요소인 자아가 방어기제를 형성한다. 예를 들면, 억압은 원초아나 초자아의 욕망이 거부될 때 생기는 가장 직접적인 방어기제인데, 중독자가 약물의 자기 파괴적 결과를 거부하는 것과 같은 현실 거부로 설명될 수 있다. 좀 더 복합적인 방어기제로는 다른 약물을 남용한다든가, 노름에 빠지는 것과 같은 반동형성이 있다. 그리고 초자아의 요구를 자아에 합치시키는 현상인 부모와의 동일시와 같은 방어기제도 찾아볼 수 있다. 이런 권위적 인물에 대한 적대감은 약물남용자들의 또 다른 갈등의 원인이 되

기도 한다. 대부분의 중독자들은 권위적 인물에 대한 양가감
정을 형성하며, 이런 경우 동일시는 중독자들의 사회적 관계
를 파손시킨다. 아래의 표는 약물을 사용할 때와 사용하지 않
을 때 원초아, 초자아, 자아가 어떤 상태를 보이는지를 보여
준다. 약물을 사용하지 않을 때 본능의 원리에 따라 움직이는
원초아는 약물을 갈망하면서 약물을 사용하라는 심리적 메시
지를 보낼 것이다. 같은 순간, 양심과 도덕의 원리를 따르는
초자아는 '절대로 약물을 사용하면 안 된다. 약물을 사용하면
혼날 줄 알아라.'는 처벌의 메시지를 보낸다. 한편, 이 둘의 갈
등을 중재하여야 할 자아는 약물사용을 열망한 나머지, 원초
아와 초자아 사이의 이러한 갈등을 해결할 수 있는 방어기제
를 다음과 같이 발달시킨다.

〈표 2〉 중독자의 자아 3요소 상태

	사용 시	비사용 시
원초아(id)	승리감	갈 망
초자아(superego)	붕괴감	처 벌
자아(ego)	압도감	열 망

(1) 부정

이는 중독자들이 가장 흔히 나타내는 방어기제로, 약물중
독이 되었다는 상태 자체를 부정함으로써 계속하여 약물을
사용할 수 있는 통로를 만들어 놓으려 한다.

ⓔ '나는 아직 중독되지 않았어. 그러니까 얼마든지 약물사용
을 조절할 수 있지. 자, 한 번만 더 약물을 사용하자.'

(2) 합리화

합리화란 자신이 약물을 사용해도 된다는 핑계거리를 만들
어 내는 것을 의미한다.

ⓔ '오늘은 특별히 더 기분 나쁜 일이 있었지. 이런 날 어떻게 술
을 안 마실 수 있겠어? 누구나 오늘 같은 날은 술을 마시지.'

(3) 최소화

최소화란 약물사용이 가져올 해로움이나 위험을 최소화하
여, 약물을 계속 사용하도록 하는 것이다.

ⓔ '지난번에 약물을 사용하고도 사람들이 말하는 것처럼 건
강에 크게 지장이 없었잖아? 아직 내 몸은 건강하다고 생
각해.'

2. 대상관계이론

대상관계이론에서는 약물중독을 어떻게 설명할까? 먼저,
대상관계이론에서 대상이란 인간을 지칭한다. 또한 관계란
그것이 내면적인 것이든, 외면적인 것이든, 실재하는 것이든,
상상 속에 존재하는 것이든 한 개인이 다른 사람과 갖는 상호
작용을 의미한다. 그렇다면 약물중독에 빠지기 쉬운 사람들

은 다른 사람과 어떤 상호작용을 가지며, 그 안에서 어떤 경
험을 한다고 볼 수 있을까?

1) 통합 개념의 미발달

이에 대하여 컨버그(O. F. Kernberg)는 약물중독자들이 그가
구분한 통합으로 가는 인간 발달의 4단계 가운데 네 번째 단
계로의 발달에 장애가 있다고 했다. 그가 제시한 인간 발달의
4단계 가운데 첫 번째 단계는 신생아가 태어나 아기인 자신과
어머니 사이를 뚜렷하게 구분하지 못하는 미분화적 혼합상태
를 경험하는 시기다. 신생아는 이어 두 번째와 세 번째 단계
에서 자신과 어머니로 대표되는 대상 사이에 분화를 시작한
다. 하지만 어떤 아이가 좋고 나쁜지, 어떤 엄마가 좋고 나쁜
지를 구별 못하는 단계다. 네 번째 단계에서 아이는 자신과
대상 사이의 좋고 나쁨을 구별할 수 있게 되는데, 대상으로부
터 적절한 양육을 받지 못한 대부분의 약물중독자들은 자신
이 나쁘다는 사실이 스스로에게 알려지지 않게 하기 위하여
분열, 부정, 투사 등의 원시적인 방어기제를 사용한다. 즉, 좋
은 것은 자기 것으로, 나쁜 것은 대상의 것으로 나누어 버리
는 분열, 자신 안의 잘못된 감정 또는 자신이 부족하다는 느낌
을 아예 보지 않고 무시해 버리는 부정 그리고 자신 안에 있는
부족한 점이나 나쁜 감정 등을 다른 사람에 비추어 그들이 부
족하고 나쁘게 만들어 버리는 투사 등의 방어기제를 사용하는
것이다. 이러한 현상이 나타나는 이유는, 약물중독자들은 자

기애적 성향이 너무 강한 반면, 자신감이 매우 떨어지기 때문이다. 즉, 괜찮은 사람이 되고 싶은데 자기 자신의 자원으로부터 얻을 수 있는 위로만으로는 괜찮은 사람이 되고 싶은 욕구를 채우기에는 불충분하다고 느낀 나머지 약물이 가져다주는 위로에 빠져 들고 싶어진다. 즉, 약물중독자들은 자기가치감을 유지하고 고갈될 듯한 느낌을 없애기 위하여 약물을 갈망하게 되는 것이다(김경빈, 1996). 사람들은 저마다 좋은 점과 나쁜 점을 갖고 있다. 나 자신도 그렇고 양육자인 부모 그리고 주변의 모든 사람들 역시 마찬가지로 좋은 점도 있고 나쁜 점도 있다. 그렇지만 나도 그렇고 다른 사람도 그렇고, 좋은 점과 나쁜 점 모두를 가진 그 정도면 괜찮은 인간이라는 생각에 이르려면 이 두 가지 양분되어 있는 사실을 통합할 수 있는 능력이 필요한데, 중독자들에게는 자신이나 타인을 이렇듯 통합적 시각으로 바라볼 수 있는 능력이 부족하다.

2) 안정된 환경의 갈망

약물중독자들이 약물에 빠져 드는 이유는 '안정된 환경의 갈망 때문'이다. 위니컷(D. W. Winnicott)은 자아의 구조가 통합되어 가는 과정에서 '안정된 환경'의 중요성을 시사했다. 안정된다는 말의 의미는 단순히 실제로 아기가 신체적으로 안정되는 것뿐 아니라, 아기가 함께 살면서 제공받았던 전체 환경이 안정되는 것을 뜻한다. 약물중독자들은 삶의 초기에 어떤 이유에서든지 안정된 환경을 제공받지 못하여 대상항상성을 발달시키는 데 문제가 있는 사람들이다. 따라서 이들은 '약물'이라는 대상을 통하여 안정감을 경험하기를 갈망한다. 마이즈너(P. Muisner)는 '안정된 환경'의 개념을 크게 가족관계와 친구관계로 구분하면서 청소년기의 약물사용 행동을 설명한다. 즉, 가족관계는 '1차적 안정된 환경'이고, 친구관계는 '2차적 안정된 환경'이다. 예를 들어, 어떤 청소년이 1차적 안정된 환경인 가족관계 속에서 대상항상성을 발달시키지 못하고 불안정하다면, 그는 2차적 안정된 환경인 친구관계 속에서 안정감을 경험하고 싶어 한다. 만일 이 경우, 약물사용 자체가 이 청소년이 친구집단에 소속되는 것을 도와주는 역할을 한다면, 약물이라는 물질 자체보다는 약물사용을 소속 조건으로 한다고 할지라도 자신에게 안정감을 줄 수 있는 '친구집단'이 청소년에게는 더욱 매력적으로 느껴질 것이다. 따라서 이 청소년은 약물사용을 통하여 2차적 안정된 환경을 보장받으려 한다.

약물을 사용했던 많은 청소년들을 실제로 현장에서 만나 이야기를 들어 보면, 혼자 약물을 사용하거나 약물사용을 시작한 경우는 극소수에 불과했다. 대부분의 청소년들은 친구들의 권유로 약물사용을 시작했다. 다음은 본드를 사용했던 여학생을 소년원에서 만나 들은 이야기다.

"중학교 2학년이 시작되고 한 달이 지날 무렵이었어요. 어머니가 가출하시고 아버지도 바쁘게 일을 하셔서, 저에게는 도시락을 싸 줄 사람이 없었어요. 그래서 아버지가 점심시간에 매점에 가서 빵을 사 먹으라고 하루에 300원씩 주셨고, 저는 한 달 동안 점심시간마다 매점에 줄을 서서 빵을 사 먹었지요. 그런데 하루는 매점에 줄을 서 있는데 아이들 몇 명이 다가오더니, "너, 우리랑 놀래?"라고 했어요. 저는 보통 아이들은 저랑 안 놀아 줄 거라 생각했는데, 그 애들이 다가오니 너무 좋았어요. 그래서 "그래, 좋아."라고 대답하고 그날부터 그 아이들과 친하게 지내게 되었는데, 그 아이들이 본드를 불고 있었어요. 그래서 저도 따라 본드를 시작했어요."

3. 인지-행동주의 이론

인지-행동주의 상담이론은 약물사용문제가 중독자들의 '생각의 오류'에서 시작되었으며, 약물사용을 부추기는 환경적 요소 때문이라는 입장이다.

인지상담가로 유명한 아론 벡(A. T. Beck)은 약물사용자들이 빠지기 쉬운 생각의 오류로 다음의 몇 가지를 제시하고 있다. 이런 식으로 생각하는 사람일수록 약물중독에 빠지기 쉽다는 것이다.

• '약물을 딱 한 번만 하면 기분이 좋아질 거야.'
• '약물이 내 인생 문제의 해결사야.'
• '약물 없이 산다는 것은 끔찍한 일이야.'

또 저자가 만났던 약물중독 청소년들에게서 흔히 볼 수 있는 생각의 오류로는 다음과 같은 것들을 들 수 있다.

- '내가 본드를 불지 않으면 친구들이 나만 따돌리고 사람 취급을 하지 않을 거야.'
- '이렇게 심심할 때 가스를 불면 지금 느끼는 모든 고민이 잊혀지고 나는 그곳에서 자유로워질 수 있을 거야.'
- '술을 마시면 용기가 생겨서 다른 친구들과 쑥스러움을 느끼지 않고 대화할 수 있고 그렇게 되면 난 좋은 친구관계를 계속 유지할 수 있을 거야.'
- '감기약을 먹고 몽롱한 상태에서 기타를 치면 예술적으로 훨씬 더 잘할 수 있을 거야.'

이러한 내담자들의 기대가 당장은 약물을 통하여 충족될지 모른다. 그러나 그것은 언제까지나 약물의 힘을 빌려서 하는 것이지 자신 스스로에게서 나오는 능력이 아니므로 언젠가는 좌절을 되풀이할 수밖에 없다. 다음은 필자가 편저한 『청소년 비행 및 약물중독상담』에서 황성훈 선생이 집필한 약물중독으로 진행되는 단계적 사고과정을 제시한 것이다.

1) 약물남용에 대한 기본적인 인지 모형

(1) 활성화 자극

이는 약물 관련 신념과 자동적 사고를 일으키는 단서나 방아쇠 역할을 하는 자극을 말한다. 활성화 자극은 곧 갈망감이나 충동으로 이어지는데, 가장 대표적인 것이 말라트와 고든이 이야기하는 고위험 상황이다. 이는 통제감을 위협하고 잠재적 재발의 위험성을 증가시킨다.

여기서 주목할 점은 중요한 활성화 자극이 부정적 정서라는 사실이다. 중독자들이 추구하는 약효는 즉각적으로 정서 상태를 조절해 주는 것이다. 그들은 지루함, 불안, 분노, 긴장, 좌절, 우울 등의 불쾌한 정서를 없애기 위해 약을 찾고, 즐거운 기분을 더 즐겁게 하기 위해 약을 써서 축하한다. 따라서 인지 치료의 목표 중 하나가 정서 조절을 위한 대안적인 인지 전략을 제공하는 것이다.

(2) 활성화된 신념

활성화 자극이 일으키는 약물 관련 신념에는 두 가지가 있는데 보통은 두 가지 종류의 신념을 모두 가지고 있다. 그중 하나는 기대 신념이다. 이는 약을 씀으로써 만족감, 효율감, 사회성이 증가된다는 예감이다. 예를 들면, 다음과 같다.

- '찬 맥주 한 잔이면 정말 기분이 좋아질 텐데……'
- '코카인을 몇 줄 들이마시면 밤샘 파티를 할 수 있을 거야.'
- '약에 취해 기분이 올랐을 때는 모든 것이 더 즐겁단 말야.'
- '지금 한 대 피우지 않으면, 나중에 니코틴 결핍 증상 때문에 초조해질 거야.'

다른 하나는 위안 지향적 신념(Relief-oriented belief)으로, 불쾌한 몸 상태나 감정 상태가 약을 통해 덜어지리라는 기대를 담는다. 다음과 같은 예들이 있다.

- '한 잔 하면/한 대 피우면 몸과 마음이 부드러워진다.'
- '술을 마시지 않으면/담배를 피우지 않으면 쉽게 짜증을 내게 될 텐데······.'

(3) 자동적 사고

자동적 사고는 짧고 자발적인 인지적 과정인데, 생각의 형태를 띨 수도 있고, 이미지의 모습을 띨 수도 있다. '피워! 마셔! 해 버려!' 등 주로 실행문의 형태를 취한다. 예컨대, 헤로인을 정맥에 꽂은 후 따스한 기운이 올라오는 장면에 대한 심상이 이에 해당한다.

(4) 충동과 갈망감

배고픔이나 목마름 같은 신체적 감각의 형태를 취한다. 예컨대, '한 번 하고 싶다.' '담배를 피우고 싶어서 미치겠다.'와 같은 것이다.

(5) 촉진적 신념

촉진적 신념은 허용이라고도 하는데 약물사용의 부정적 결과를 무시하도록 하는 인지적 왜곡이다. 여기에는 자격 부여(entitlement; '나는 한 잔 마실 자격이 있다.'), 결과의 최소화('한 번 하는 것인데 뭐 해로울까?'), 합리화('인생이 본래 그런 것인데

한 대 피운다고 뭐가 달라지겠냐!) 등이 있다. 특히, 약을 줄이거나 끊으려는 사람에게는 '딱 한 번만 더.' '나중에는 꼭 끊을 거야.' '담배 한 대 피운다고 죽은 사람 여태껏 못 보았다.' 등이 촉진적 신념이 될 수 있다. 촉진적 신념이 강할수록 충동이나 갈망감에 쉽게 굴복한다.

(6) 도구적 전략에 집중하는 것

이 단계는 약을 획득하는 데 필요한 계획을 수립하는 과정이다. 약물중독자들은 대부분 나름대로 정교한 계획을 가지고 있다. 한 예로, 멀리 떨어진 특정 주유소에서만 기름을 넣는 버릇을 가진 내담자가 있었다. 자세히 탐색해 봤더니, 그 주유소 편의점에서는 담배를 보루로 판매한다는 것을 알 수 있었다. 그 주유소에서만 기름을 넣겠다는 결정은 겉보기에 담배와 무관해 보이나, 알고 보면 고위험 상황으로 이끄는 우연의 일치 행동의 연속이었던 셈이다. 이렇듯 내담자들은 자신만의 도구적 전략을 가지고 있다.

(7) 지속적 사용 혹은 재발

한 번의 실수는 지속적인 사용과 재발의 활성화 자극이 된다. 즉, 한 번의 실수는 부정적 정서 상태를 유발하고, 다시 완전한 재발로 이어지는 악순환을 형성한다. 이 배경에는 이분법적 사고가 작용한다. '한 잔 하면 곧 완전히 취하게 된다.' '이제 다 틀려 버렸고, 다시 재기할 수 없다.' 등이 그러한 예다. 이를 겨냥한 치료적 슬로건이 "한 번의 실수가 곧 재발은 아닙니다."다. 마찬가지로 상담자에게도 모 아니면 도라는 생각(all-or-nothing thinking)이 작용할 수 있다. 보통 단주가 상담의 목표인데, 만일 이 목표를 달성할 수 없다면 이는 완전한 상담의 실패일까? 약물중독 상담자는 약물사용을 연속선상에서 보는 것이 필요하다. 즉, 중독이거나 아니면 딱 끊는 것으로 보는 것이 아니라 단계적인 과정으로 파악하고, 이를 향한 작더라도 긍정적 변화를 하나씩 강화하는 것이 필요하다는 뜻이다.

2) 약물남용에 대한 인지 발달론적 모형

성장 과정을 통해 세상이나 자신에 대해 형성된 기본적인 태도나 신념이 약물사용에 취약한 인지적 구조를 형성한다. 즉, 발달 과정을 통해 약물남용으로 이어지기 쉬운 인지적 취약성이 키워지는 셈이다. 이를 구성하는 요소들은 [그림 2]에 나타나 있다. [그림 2]의 각 요소들을 살펴보면 다음과 같다.

(1) 초기의 인생 경험

가정, 사회, 문화 및 재정적 환경이 도식과 기본적인 신념 형성에 중요한 영향을 미친다. 초기의 부정적 인생 경험 때문에 약물남용에 취약할 수 있는데, 문제되는 약물사용의 본을 보여 준 부모, 약이나 술이 흔한 주변 환경, 중요한 타인의 정서적 지지 부족 등이 그 예다. 반면, 초기의 긍정적 인생 경험

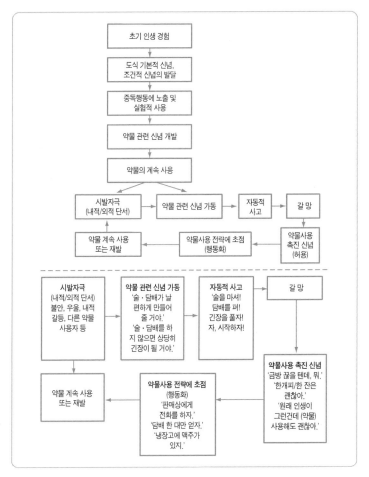

[그림 2] 약물남용에 관한 인지발달적 모형의 구성요소

은 약물사용에 대해 저항적이고 복원적인 영향을 미친다. 책임 있는 약물사용의 본을 보여 준 부모, 대인관계가 안전한 것, 지지적인 가족, 중요한 타인으로부터 정서적 지지를 적절

히 받는 것들이 보호 요인으로 작용한다.

(2) 도식, 기본적 신념, 조건적 신념의 발달

도식에는 두 가지 종류가 있다. 하나는 '자신이 사랑받을 만한 존재인가?'에 관한 도식으로서 대인관계, 자기 가치 그리고 친밀감에 대한 기본적 신념을 담는다. 다른 하나는 '자신이 부족함이 없는 존재인가?'에 관한 도식(adequacy schema)으로서 능력감, 성공, 자율성에 대한 기본적 신념으로 이뤄진다. 부정적 경험으로부터 초래되는 역기능적 도식으로는 다음과 같은 것을 들 수 있다.

- '내 상황은 절대로 나아지지 않을 거야.'
- '나는 쓸모없는 존재야.'
- '난 고통스러운 감정을 견딜 수 없어.'
- '실수나 문제는 참을 수 없어.'

그러나 긍정적 경험을 통해 만들어진 도식은 정반대의 내용으로, 절대로 나아지지 않으리라는 것 대신에 '내 미래에는 그래도 기약이 있다.'는 믿음이 그리고 고통을 못 견디겠다는 것 대신에 '고통은 참을 만한 것이다.'는 믿음이 있을 것이다. 따라서 치료와 회복은 역기능적 도식을 순기능적 내용으로 대체해 나가는 일이라고 볼 수 있다.

본래 기본 신념이나 도식은 약물과 무관하나, 역기능적 도식을 보상하는 과정에서 약물과 관련된 신념이 발달하게 된다. 즉, '무료함을 견딜 수 없다.'는 역기능적 도식을 보상하는 과정에서 '약에 취하는 것이 무료함에서 벗어나는 확실한 방법이다.'는 약물 관련 신념을 형성한다. 특히, 약물 관련 신념은 조건적 믿음의 형태를 띠기도 한다. 예컨대, '내가 담배를 피우면 나는 패거리의 일부가 될 것이다.' '담배를 피우지 않으면, 친구들이 나를 겁쟁이로 볼 것이다.' '약을 하지 않으면 나는 외부사람 취급을 받을 것이다.' 등이다. 조건적 믿음을 분석하면, '만약 약을 하면, 어떤 혜택이 있을 것이다.'라는 형식이어서, 비용/혜택 분석과 같은 인지 치료 작업으로 쉽게 다룰 수 있는 표적이 된다.

(3) 중독행동에 노출되거나 이를 실험 삼아 해 보는 것

약을 사용하는 가족이 있는 경우나 약을 쓰는 친구가 권유하는 경우는 약에 노출될 확률이 더 높아진다. 또한 주변 환경이 약이나 술이 흔한 경우도 실험적 사용의 가능성이 높아진다. 스스로 불안전하고 사랑스럽지 않다고 느끼는 사람의 경우, 약을 하자는 동료의 압력에 취약할 수밖에 없다. 약을 하면 동료로부터 즉각적인 승인을 얻을 수 있으므로, 거절당해서 수치심을 느끼는 것보다 압력에 쉽게 따르게 되는 것이다.

기본적 신념은 약 종류의 선택에도 영향을 준다. 완벽주의적 신념을 가진 경우는 카페인, 니코틴, 암페타민 등의 힘주는 약(power drug)에 취약하다. 왜냐하면 이 약들이 더 오래,

더 열심히 일할 수 있는 능력을 늘려 주기 때문이다. 반면에 '고통스러운 감정이나 어려운 상황은 견딜 수 없다.'는 신념을 가진 경우는 정신을 멍하게 만들고 불안을 덜어 주는 알코올, 마리화나 등의 약물에 취약하다. 약물에 대한 노출과 실험적 사용은 역기능적 도식을 강화하는 악순환을 형성하고, 지속적으로 사용하면서 약물 관련 신념이 정착된다.

4. 가족상담이론

1) 개인상담이론과 가족상담이론의 비교

지금까지 알아본 정신분석이론, 대상관계이론, 인지-행동주의이론 등은 약물중독자들의 마음속에서 어떠한 일이 있어났기에 그들이 약물을 사용하는가에 대하여 설명하고 있다. 정신분석이론은 약한 자아가 중독을 초래할 방어기제를 발달시켰기 때문이라고 중독의 이유를 설명한다. 대상관계이론은 중독자들이 스스로를 그럭저럭 괜찮은 사람이라고 생각하는 통합적 관점을 발달시키지 못했고, 삶의 초기에 양육자로부터 안정된 환경을 제공받지 못했기 때문이라고 설명한다. 인지-행동주의이론은 약물사용자들이 삶의 초기에 경험한 중요한 사건으로부터 자신의 삶에 대한 부정적 생각을 발달시키고, 약물이 자신의 가치감이나 성취감의 부족을 채워 줄 수 있을 것이라는 잘못된 기대감 때문에 약물을 사용한다고 한다.

그런데 위의 이론들은 사람들의 마음속에서 중독행동을 초래할 어떠한 일이 일어났는가에 집중하기 때문에 이를 '심리내적(intra-psychological) 상담이론'이라고 한다. 이와는 대조적으로 상담이론 가운데에는 사람들이 가진 문제의 원인을, 문제를 가진 사람의 마음보다 그 사람이 속한 가족 안의 관계나 구조에서 찾아보려는 시도들이 있다. 이를 '대인관계적(inter-personal) 상담이론'이라고 부르며, 여러 가지 가족상담이론이 이에 속한다.

(1) 선형적 모델과 순환적 모델

먼저 개인상담과 가족상담의 첫 번째 차이점은 문제를 설명하는 모델에 있다. 개인상담의 원리들은 개인의 문제가 그 사람 안에 있는 잘못된 욕구나 욕구 좌절과 갈등 등에서 비롯되었다는 선형적 인과 관계 모델을 제시한다. 가족상담의 원리들은 개인의 문제가 가족관계 안에 있는 누군가의 문제의 영향을 받아 발생할 수 있고, 또 이러한 개인의 문제는 다시 가족 안의 누군가에게 영향을 미치는 순환적 인과 관계 모델 안에서 발생한다고 주장한다. 따라서 청소년 비행 및 약물문제와 가족 간의 관계는 무엇이 먼저이고 무엇이 나중인가를 구분하기 어려울 뿐만 아니라 구분하는 것 자체가 큰 의미가 없는 경우가 많다. 즉, 청소년의 약물문제가 드러난 것을 중심으로, 상담자는 가족 전체에서 일어나는 상호작용에 초점을 맞추어야 할 필요가 있다. 예를 들면, 부모의 지나친 간섭과 통제 때문에 자신이 하고 싶은 일을 하지 못하고 집을 나

와 그곳의 친구들과 어울리다가 비행 집단에 합류한 청소년
이 있다면, 부모의 '통제'가 먼저인지 부모의 뜻에 대한 '반항'
이 먼저인지를 분별하기 쉽지 않을 것이다.

(2) 과거와 현재

일반적으로 일부 개인상담이론은 개인의 문제를 개인의 과
거사에서 찾으려고 한다. 그러나 가족상담이론은 철저하게
개인의 문제를 현재 가족관계에서 경험하는 것에서 찾으려고
한다. 물론 약물사용 내담자들이 가진 문제가 내담자와 그 가
족의 과거 경험으로부터 발생된 것은 분명하다. 그러나 가족
상담은 상담적 개입의 초점을 과거에만 맞추지 않고 현재 가
족 안에서 일어나고 있는 상호작용을 관찰하고 분석하여 변
화시키려는 데 맞춘다는 점에서 개인상담과 구분된다.

(3) 가족의 항상성과 변화지향성

약물사용 내담자들의 상담자들이 가족상담적 관점에서 또
하나 알아 두어야 할 점은, 이들의 가족은 변화해야 하고 변
화를 원하고 있지만 지금까지 가족 안에서 취약한(vulnerable)
가족구성원이 가진 문제를 중심으로 변화하지 않고 이전의
상호작용과 가족관계 패턴을 그대로 유지하려고 하는 항상성
(homeostasis)을 지니고 있다는 사실이다.

2) 약물중독자 가족의 이해

앞서 제시한 개인상담과 구분되는 약물사용 내담자들의 가족상담적 개입을 돕기 위해, 김혜숙 등(1994)은 가족구성원들 사이의 관계와 구조를 파악하기 위한 질문들을 아래와 같이 정리했다.

- 가족을 구성하는 사람들(기타 존재 포함)이 누구라고 각자 생각하는가?

  자신의 가족이 누구인가를 규정하는 것은 가족구성원들마다 다를 수 있다. 어머니는 자신의 가족을 생각할 때 자신과 남편 그리고 자식들만으로 한정해서 생각하지만, 청소년인 아들은 고민이 있을 때 항상 부담 없이 이야기를 나누는 삼촌을 가족에 포함시킬 수 있다. 어떤 청소년은 자신의 가장 중요한 가족으로 어릴 때부터 가지고 있던 동물인형을 꼽기도 하고, 심지어는 자기에게 진정한 의미의 가족이 없다고까지 말하기도 한다.

- 가족 전체 내에서의 각 구성원의 위치와 역할은 무엇이며 그러한 위치와 역할들은 얼마나 유동적인가? 그리고 자녀의 성장에 따라 그러한 것들이 어떻게 변화되어 왔는가?

  사용자가 약물을 사용하는 것은 그 부모들의 관계를 나타내 주는 지표 역할을 하는 것일 수도 있고, 와해 직전의 부부관계를 지탱하는 역할을 하는 것일 수도 있다. 혹은 그 자녀가 어릴 때는 어머니가 부부관계에서 얻지 못하는 애착감을 쏟는 대상이라는 위치에 있다가, 청소년이 되면서 어머니로부터 벗어나려 애씀으로써 어머니가 흔들리고 가족관계 전체가 흔들리게끔 변화해 왔을 수도 있다. 흔히 관찰되는 가족의 역할에도 문제를 표출하는 역할, 다독거리고 문제를 덮는 역할, 시시비비를 가리고 판정하는 역할, 방임하는 역할, 의사소통의 대리자 역할 등이 있다.

• 가족 내의 하위집단은 어떻게 구성되어 있으며 그 집단들 간 그리고 개인과 그 집단들 간의 연계성(폐쇄/개방의 정도)은 어떠한가?

• 공식적인 힘의 소유자와 실제적인 힘의 소유자는 누구이며 이들은 어떻게 힘을 구사하는가?

공식적으로는 경제권이 있는 아버지가 그 가족 내에서 가장 힘 있는 구성원일 수 있지만 실제적으로 가족을 움직이는 힘은 어머니에게 있을 수 있다. 혹은 딸이 신체적 병약함을 무기로 삼아 부모를 좌지우지할 수도 있다. 전통적인 한국 부모들은 자식을 위해 희생함으로써 자식으로 하여금 안타깝고 죄송한 마음을 갖게 하여 자식에게 영향력을 행사했는데, 부모 중 한쪽은 그런 방식을 따르려고 하고 다른 쪽은 무력적으로 힘을 행사하려고 할 수도 있다.

• 가정에 어려움이 없을 때와 있을 때 위의 사항들이 어떻게 변모하는가?

앞의 사항들은 가족 내에 어려움이 있을 때와 없을 때에 따라서 변모할 수 있다. 어려움이 없이 편안할 때는 주변적 위치에 있던 가족구성원이 가족 내에 어려움이 닥쳤을 때는 주도적 역할을 맡는 경우가 많다. 보통 때는 자녀 교육을 거의 어머니에게 맡겨 놓던 아버지가 청소년 자녀에게 문제가 생기자 문제해결을 위한 주도적 역할을 감당하는 것이 좋은 예가 될 것이다.

• 가족들 간의 의사소통 양식은 어떠한가?

가족을 구성하는 하위집단 간이든 개개인 간이든 서로 어떤 관계를 맺는 데는 의사소통이 필수적이다. 이때 의사소통이란 말만을 의미하지 않는 넓은 범위의 의사소통을 의미한다. 가족구성원은 말을 하든 하지 않든 항시 서로 의사소통을 하고 있다. 누가 누구에게 어떤 말을 하는지는 쉽게 관심을 가질 수 있는 분야이지만, 누가 누구에게 말을 하지 않는지도 가족관계를 이해하는 데 매우 중요하다. 또 어떻게 말을 하는지, 언제 어떤 상황에서 말을 하는지, 겉으로 표현된 말의 내용과 그 밑에 깔린 내용이 어떻게 서로 합치되는지 등 가족 간의 의사소통 양식을 알아보려면 고려해야 할 사항들이 무수히 많다.

• 가족과 주변 환경(친척, 친구, 학교, 사회 등)과의 연계성은 어떠한가?

가족을 이해하고자 할 때는 가족 내의 구성원 간 관계를 이해하는 것도 중요하지만, 그 가족과 주변 체제와의

관계를 파악하는 것도 매우 중요하다. 가족이 각 구성원
들의 친구들과 이루는 관계, 주변의 친척이나 친지들과
갖는 관계, 청소년 자녀의 학교(학교 전체, 선생님, 교우 등)
와 갖는 관계, 나아가서 사회 전반과 갖는 관계 등에 대해
충분히 파악해야 한다. 주변의 체제가 약물남용을 예방하
고 해결하는 데 도움이 되는 경우라면 이를 잘 활용할 필
요가 있고, 반대로 약물남용을 부추기거나 해결에 방해가
되는 경우라면 정리할 필요가 있는 것이다.

• 약물중독자의 위치와 역할이 약물남용 이전과 이후에 어
떻게 변화했는가?

• 약물중독문제가 가족에 대해 갖는 의미는 무엇인가?
예컨대, 와해될 수 있는 부부관계를 재결속시키고 가
족을 유지하는 데 기여할 수도 있고, 혹은 아버지가 처음
으로 자신의 알코올중독을 인식하고 고치려고 노력하게
하는 계기를 마련했을 수도 있다.

• 약물중독문제 대신 가족 간의 건강한 관계를 대신할 방안
은 무엇인가? 혹 자녀들이 부모의 가혹한 양육 방식에 저
항하지 못하고 약물중독자가 되었는데 이를 간과한 채 자
녀를 비난하고 있지는 않았는가? 만일 약물중독자 자녀가
온전하게 회복된다면, 그 이후 부모는 어떻게 변화되어야
할 것인가?

• 약물중독을 촉진 혹은 저지할 수 있는 가족 내의 요인은
무엇인가?

• 약물중독 때문에 가장 큰 어려움을 겪는다고 생각되는 구
성원은 누구이며, 왜 그러한가?
• 약물중독을 중지하는 데 도움을 줄 수 있는 가장 건강하
고 힘 있는 구성원은 누구인가?

위의 질문에 따라 차례대로 깊이 생각하며 대답을 해 보는
일, 가족들이 모여 앉아 함께 의논해 보는 일 그리고 가족상담
자가 전문적 지식을 가지고 위의 질문에 대한 대답을 가족체
계 안에서 분석적으로 제공하는 일 등은 약물중독문제를 이
해하고 해결하는 데 크게 도움이 된다.

3) 가족상담이론으로 이해한 약물중독

위의 질문들은 실제로 몇 가지 대표적인 가족상담이론의
중요한 개념을 나타낸다. 예를 들면, 약물중독자의 위치와
역할이 약물사용 전후 어떻게 변화되었는가에 대한 질문은
가족구성원 내 위계 질서나 힘과 관련된 것으로, 미누친(S.
Minuchin)의 구조적 가족상담이론 가운데 가족 간 하위체계
사이의 관계로 설명될 수 있으며, 사티어(V. Satir)의 전략적 가
족상담이론의 개념으로는 가족 내 역할에 따른 서로 다른 대
화 형태라는 개념을 통해서 이해될 수 있다. 다음에서 김용태
(2000)의 가족치료이론을 참고하여 몇 가지 상담이론을 요약
하고, 그에 따라 약물사용의 예를 분석하여 보았다.

(1) 의사소통 가족이론

의사소통 가족이론은 베이트슨(Gregory Bateson) 등이 발달시킨 이론으로, 가족 안에서 대화가 매우 중요한 역할을 하며, 대화가 왜곡된 경우 가족 안에서는 병리적 관계와 함께 개인의 병리 현상이 발생한다고 이야기한다. 즉, 가족구성원 사이의 대화를 이해하는 것이 그 가족을 이해하는 길이며, 사람의 행동은 그것이 무의식적이든 의식적이든 현재의 대화로만 존재하므로, 과거의 원인에 대한 상징적 의미보다는 현재 진행되는 대화의 형태가 중요하다고 본다. 따라서 가족 안에서 일어나는 대화 형태를 분석하면서 개인이 가진 병리 현상을 진단하고 해결하고자 한다.

① 대화의 요소

인간의 대화는 대화의 원천, 대화의 내용, 대화의 상대방, 대화의 맥락이라는 네 가지 요소를 갖고 있으며, 이들 중 어느 한 요소가 부정될 경우 대화는 역기능적이 된다.

- **원천의 부정**: 자신이 대화 내용을 전달하는 사람임을 부정하는 경우
- **내용의 부정**: 대화 내용 자체를 부정하는 경우
- **대화하는 상대방의 부정**: 대화에 참여하는 상대방을 부정하는 경우
- **맥락의 부정**: 대화가 이루어지고 있는 맥락, 상황을 부정하는 경우

사례

부탄가스 흡입을 시작으로 필로폰까지 사용하게 된 어느 남자 청소년의 이야기다. 이 학생은 우리나라의 모 기업 대표의 맏아들로, 아버지는 어릴 때부터 아들에게 대학에서 경영학을 전공하고 아버지의 뒤를 이어 기업을 경영할 것을 강요했다. 그러나 아들의 생각은 아버지와 달라 대학에서 체육을 전공한 뒤 체육 교사가 되고 싶었다. 하루는 아버지와 아들이 마주 앉아 장래 계획에 대하여 대화를 나누게 되었다. 아들은 대화의 맥락을 자신의 장래 희망을 아버지에게 전달하는 장으로 생각했지만, 아버지는 아들에 대한 자신의 장래 계획을 전달하는 명령의 장으로 생각했다. 이 경우 둘 사이에는 '맥락의 부정'이 일어나고 있는 것이다. 아들은 이 상황에서 아버지와의 의사소통에 답답함을 느꼈고, 아버지는 이런 아들을 자신의 방식대로 통제하려 했다. 그 결과, 아들은 자신이 원하는 것이 함께 나누어지고 받아들여지지 않는 가정을 떠나 가출을 시도하여 약물하는 친구들과 어울리면서 부탄가스를 흡입하기 시작했다. 이 사실을 뒤늦게 알게 된 아버지는 가출이나 약물사용을 통하여 자신의 의사를 표현하는 아들의 목소리를 듣기는커녕 아들을 친구집단으로부터 격리시키기 위해 외국으로 유학을 보냈다. 그러나 이를 계기로 부자 사이의 거리는 더 멀어졌고, 아들은 외국에서 다른 폭주족 친구들과 어울리며 필로폰까지 흡입하다가 다시 아버지가 서울의 모 정신병원에 강제 입원시켰다. 이 남학생과 대화 도중 장래 희망을 묻게 되었는데, 자신은 '자신이 원하는 대로 세상을 만들 수 있는 영화감독이 되고 싶다.'는 뜻을 내비쳤다. 이 학생 안에 억눌려 있는 마음, 무력감 등을 생생히 느낄 수 있는 시간이었다.

② 구두점의 원리

구두점의 원리란 자신의 입장과 관점에서 대화가 서로 끊길 때, 대화가 토막으로 잘려 나가 서로에게 유리한 방향으로 이용되는 현상이다.

사례

술 마시는 남편과 바가지를 긁는 아내는 서로 자신의 입장과 관점에서만 대화를 나누고, 자신이 하고 싶은 말만 하고 대화를 끝내기 때문에 둘 사이에는 순조로운 대화가 이루어지지 않는다.

③ 디지털 대화와 아날로그 대화

디지털 대화란 언어를 이용한 대화로 논리를 통해 상대방에게 자신을 전달한다. 반면, 아날로그 대화란 신체 또는 상징을 통해 자신을 상대에게 전달하는 대화 양식을 뜻한다. 그런데 이 둘 사이에 불일치가 일어나면 사람들은 혼란을 경험하게 되며, 여기에서 심리적 문제가 발생한다.

사례

자녀의 약물사용을 의심하는 어머니가 디지털 대화(언어)로는 "나는 널 믿어. 네가 절대로 약물을 사용하지 않는다는 것을 안단다."라고 이야기하지만, 늦게 귀가하는 자녀에게 의심의 눈빛을 보낸다든지, 자녀가 학교에 간 사이에 책상을 뒤진 흔적을 자녀가 나중에 알게 된다든지 하는 경우다. 아날로그 대화를 통해 드러난 어머니의 모습이 실제 말을 통해 드러난 어머니의 모습과 일치되지 않는 것이며, 이는 자녀에게 더 큰 불신과 좌절감을 불러일으킬 것이다.

(2) 전략적 가족상담

전략적 가족상담 이론은 헤일리(J. Haley), 사티어(V. Satir), 마다네스(C. Madanes) 등이 발전시킨 이론이다. 전략적 가족상담이란 역기능적 가족 안에서 문제행동이 어떻게 형성되었는지에 대한 원인보다는 오히려 문제행동을 변화시키는 전략에 관심을 두고 있기 때문에 붙여진 이름이다. 따라서 이 이론은 현재 약물중독문제를 변화시키는 해결 방법을 기술하는 데 초점을 맞추며, 상담자는 이 과정에서 가족의 행동을 통제하고 지배하는 가족의 규칙을 기능적으로 만들어 가려고 노력한다.

이 가운데 사티어는 개인의 행동을 통해 표현되는 하느님의 개념, 태도, 느낌, 상 등을 항아리(Pot)로 표현하면서, 자아개념이 높은 사람은 좋은 항아리를 가지고 있고 주위의 스트레스를 잘 견디는 반면, 자아개념이 낮은 사람은 그렇지 못하다고 했다. 또한 가족 내에 다음의 다섯 가지 대화 형태가 존재하며, 각 대화 형태에 따라 가족 안에서 수행하는 역할이 달라진다고 했다. 더 자세한 내용은 다른 가족상담이론 교재들을 참고하기 바란다.

- 위로자: 다른 사람을 즐겁게 하는 사람
- 비난자: 비난을 통해 상대방을 통제하려는 사람
- 계산자: 조용하고 침착하며 다른 사람의 말만 듣고 말 속에 감정이 들어 있지 않은 사람
- 혼란자: 다른 사람을 무시하고 혼란스럽게 하여 그들을 떠나게 만들며, 이 때문에 외로움, 공허감을 느끼는 사람
- 균형 잡힌 사람: 언어와 행동이 일치하고 감정적으로 자신과 잘 연결되어 있는 사람

사례

보편적으로 약물중독자들은 위로자나 계산자의 역할보다는 비난자나 혼란자로 가족들과 관계를 맺고 살아간다. 평소에는 조용하고 말수가 적던 아버지가 술만 마시면 밤늦게 귀가하여 잘 자고 있던 식구들을 깨워 놓은 후, 가족에게 던지는 말들은 주로 가족에 대한 '비난'의 내용이다. 또한 약물중독자들은 가족 안에서 깊고 의미 있는 대화가 진행되는 것을 견디지 못하는 경우가 많다. 이는 오랫동안 가족 안에서 혼란자로 살아왔기 때문에 가족과 대면하여 이야기를 나누는 것이 너무 어색할 뿐 아니라, 실제로 자신이 가족 안에서 무엇을 경험하고 느꼈는지에 대하여 잘 알지 못하기 때문에 별로 할 말도 없기 때문일 것이다.

(3) 구조적 가족상담

미누친(S. Minuchin)이 대표적 학자로 꼽히는 구조적 가족상

담이론은 인간의 행동이 서로 관계를 맺고 있는 가족 사이의 구조적 특성을 통해 나타난다고 한다. 따라서 약물중독 행동 역시 결국 그 가족의 잘못된 구조를 반영하는 것이라고 설명할 수 있다.

① 경계선

경계(boundary)란 다른 사람과 접촉하는 양을 조절하며 개인과 하위체계를 둘러싼 눈에 보이지 않는 선으로, 가족과 하위체계의 독립과 자율성을 보호하고 있다. 격리 또는 경직된 경계란 외부와의 접촉이 완전히 차단되어 지나치게 독립적이고 자율적인 구성원으로 살아가고 있다는 뜻이며, 가족 사이의 온정과 애정이 부족한 상태를 의미한다. 반대로, 밀착된 경계란 가족 사이에 거리감이 지나치게 부족하여 서로에 대한 도가 넘은 소속감을 가지고 살아가며, 서로에 대해 관심과 애정이 도가 지나쳐 서로 의존 관계를 형성한다.

사례

중학교 2학년인 어느 여학생은 다섯 살 때 어머니가 돌아가신 후 부탄가스중독이 되었다. 이 여학생은 우연히 친구들과 어울려 부탄가스 흡입을 반복했는데, 약물사용 중에 돌아가신 어머니의 얼굴이 환상 속에 선명하게 나타나는 것을 경험했다. 이 여학생은 다섯 살 때 돌아가신 어머니의 얼굴을 정확하게 기억하고 있었으며, 어머니의 장례식을 기억하지만 어머니의 죽음 때문에 슬

퍼서 운 적이 한 번도 없다는 것을 알게 되었다. 아직 이 여학생 은 어머니를 떠나보내지 못하고 있었던 것이다(밀착 관계). 이 학 생의 아버지는 만성 알코올중독자로 거의 자녀들과 감정 교류가 없었으며 손위 오빠들과 언니들은 모두 나이 차이가 많아 이 여 학생과 대화할 시간이 없었다(격리 관계). 즉, 어머니와 해결되지 않은 밀착 관계와 다른 가족구성원들 사이의 지나친 경계로 만들 어진 격리 관계 때문에 형성된 외로움의 감정을 해결하는 과정에 서 이 여학생은 부탄가스를 사용하게 된 것이다. 이 여학생에게 부탄가스는 생명 없는 물질이 아닌 살아 있는 가족이었다.

이 밖에도 대상 관계 가족상담, 세대 간 가족상담, 맥락적 가족상담, 경험적 가족상담 그리고 최근의 이야기치료에 이 르기까지 다양한 가족상담이론의 틀로 약물중독문제를 분석 해 볼 수 있다.

5. 생물학적 이론

약물중독의 원인과 관련하여 꾸준히 제기되는 이론이 생물 학적 이론이다. 이는 약물중독에 영향을 미치는 특정한 유전 적 장치가 존재한다는 것이며, 이를 뒷받침하는 여러 가지 연 구 결과들이 밝혀지고 있다. 이를 분류해 보면, 가계도 연구, 쌍생아 연구, 양자 연구 등이 있다. 요약하면 약물중독자 가 정에서 약물중독자가 발생할 확률이 그렇지 않을 경우보다 높다는 것이다. 톰즈(Dennis Thombs, 2006)는 약물중독 상담가들이 알아 두어야 할 중독행동의 유전적 요소에 대하여 다음과 같이 정리했다.

첫째, 유전과 환경은 약물중독 현상에 함께 영향을 미친다.

둘째, 유전적으로 물려받은 특성은 중독 자체를 반영하는 것이 아니라 중독에 더 잘 걸릴 수 있는 선재 요소가 있다거나 중독에 더 취약함을 의미한다.

셋째, 개인에 따라 유전과 환경이 공헌하는 정도가 달라진다.

넷째, 중독에서 유전적 요소를 이해하는 것은 중독문제를 효과적으로 예방하고 처치하는 데 중요하다.

다섯째, 미래에 유전자 검사는 중독문제뿐만 아니라 여러 분야에서 더 많이 사용되고 받아들일 것이다.

그렇다면, 약물중독을 비롯한 중독문제를 공통적으로 설명할 수 있는 생물학적 설명 틀이 있는가? 최근 연구들에 따르면, 중독자들이 사용하는 약물이 공통적으로 뇌의 보상 센터(reward center)를 자극하는 능력을 가진다. 사람의 대뇌 안에는 약 1조 개의 신경세포인 뉴런이 존재하며, 여러 가지 화학물질이 이 뉴런에 열쇠-자물쇠의 원리로 작용하고 있다. 즉, 하나의 뉴런의 끝은 다른 뉴런의 시냅스(synapse) 부위와 연결되는데, 이 부위에 여러 가지 화학물질이 포함되는 신경전달물질이 작용하고 있다. 이 신경전달물질은 수용체 부위에 딱 들어맞아야 작동되며, 한 수용체에는 물론 하나 이상의 화학물질이 작동될 수도 있다. 그런데 중독자들이 사용하는 약물들은 메졸림빅 도파민 경로(mesolimbic dopamine pathway)라

고 알려진 체계에 따라 '도파민'이라는 메졸림빅 시스템의 보
상 센터에 작동하는 물질을 활성화시킨다. 이렇게 활성화된
도파민은 자극에 대한 감각을 더욱 예민하게 만들어 준다.
예를 들면, 코카인은 뉴런에서 도파민의 재흡수를 억제하여
보상 센터의 도파민 양을 증가시켜 감각적 자극을 더욱 갈망
하게 만들고, 따라서 중독자들은 다시 코카인을 찾게 된다.

3
**약물중독은
어떻게
상담하는가**

　지금까지 약물중독이란 문제가 중독자들에게 왜 일어난 것인지에 관하여 다양한 상담이론을 통하여 알아보았다. 그렇다면 앞장에서 제시된 이유 때문에 생긴 약물중독문제를 상담적 방법으로 어떻게 해결할 수 있을까? 이 질문에 가장 효과적으로 대답하는 방법은 앞서 제시된 약물중독의 원인을 설명하는 상담이론별로 각기 다른 상담과정이나 상담기법을 정리해 보는 것이다. 예를 들어, 정신분석이론으로 약물중독자를 상담하는 과정과 기법, 인지상담 또는 행동주의 상담이론으로 중독자를 상담하는 과정이나 기법 또는 가족상담이론을 기초로 약물중독자를 변화시키는 과정이나 기법 등의 방식에 따라 상담이론별로 정리해 보면 이론의 깊이와 더불어 중독자를 이해하고 변화시키는 데 풍부한 안목을 가질 수 있다. 그러나 이는 약물중독상담의 개론서인 본서의 범위를 벗어난다. 이 장에서는 약물중독자들을 상담하는 데 실질적으로 상담

자나 중독자 또는 그 가족들이 알면 도움이 될 사항들을 정리
해 보았다. 먼저 약물중독을 상담하는 상담자의 자질과 상담
시 유의점을 알아보고, 중독문제이기 때문에 다른 문제를 상담
할 때와 그 과정이나 기법 면에서 달라야 하는 점 그리고 개인
상담뿐 아니라 중독자들에게 집단상담이나 치료공동체 장면
에서 어떻게 도움을 줄 수 있을지에 대하여 알아보겠다.

1. 약물중독 상담자의 자질 및 유의점

1) 약물중독 상담자의 자질

중독문제를 상담하는 사람이 특별히 갖추어야 할 자질이
있을까? 상담자는 경험을 통해 훈련되는 것이 아닐까? 약물중
독 상담자로 타고난 사람이 있는가? 약물중독 상담자의 자질
이라고 하면 이런 생각들이 머리를 스친다. 필자에게는 '약물
중독 상담자'라고 하면 바로 떠오르는 정신과 의사 한 분이 있
다. 그분은 1980년 이미 알코올 및 약물중독 상담이 다른 문
제의 치료나 상담과는 특별히 다른 분야라는 것을 알고 서울
국립정신병원에 약물중독 치료 전용병동을 설치한 분이다.
그리고 30년 가까운 세월이 흐르는 동안 지금까지 한결같이
약물중독자들을 치료하고 계신다. 단지, 약학대학을 졸업했
다는 이유로 약물중독 상담 분야에 뛰어들었던 필자가 같은
길을 가면서 가까이서 그분이 일하시는 모습을 보면서 가장

먼저 알게 된 점은 본인은 중독 상담자로서의 자질이 많이 부족하다는 사실이다. 그리고 그분이 환자와 가족들 그리고 같은 공동치료자들을 대하는 모습을 보면서 그분이 지니신 약물중독 상담자로서의 특별한 자질을 생각해 볼 수 있었다. 약물사용 내담자 상담의 자질을 정리하면 다음과 같다.

첫째, 약물사용을 포함한 윤리적, 도덕적 문제에 대한 가치 판단이 자유로워야 한다. 약물중독자가 어떤 종류의 약물을 사용하더라도 그 사용자에게는 해가 되기 때문에 나쁜 것이지, 그 행동 자체가 사회적, 도덕적으로 비난받아야 한다고 생각하는 사람이라면 진심으로 약물중독자들을 도울 수 없다.

둘째, 약물중독자들과 깊이 있는 감정 소통이 일어날 수 있을 만큼 충분한 공감 및 감정 소통능력을 갖추어야 한다. 약물중독자들은 다른 사람이 자신을 대하는 태도에 매우 예민하며, 자신 안에서 일어나는 감정을 있는 그대로 경험하기 때문에, 자신이 겪는 부정적 감정을 극복하기 위하여 약물을 찾는 사람들이다. 따라서 그들만큼 깊이 있고 예민하게 상담자 자신의 감정을 돌아보고, 중독자들과도 그런 깊이 있는 감정에 대하여 의사소통할 수 있어야 한다.

셋째, 약물중독자의 계속되는 재발에도 흔들림 없이 상담자 자신의 능력과 상담 처치 과정에 대한 자신감을 잃지 않아야한다. 재발하지 않으면 중독자가 아니다. 즉, 재발은 중독의 한 증상이다. 자신이 상담하는 내담자의 재발을 자주 경험하는 것은 상담자에게 큰 고통과 좌절을 가져오지만, 이에 흔들리지 않고 내담자에게 자신이 하는 상담적 처치나 자신의 상담 능력에 대해 확신을 유지할 수 있는 자신감이 상담자에게 필요하다.

넷째, 약물중독자의 재발과 관련하여 재발하는 중독자의 회복을 끝까지 믿고 포기하지 않는 인내심이 필요하다. 지금까지 필자의 경험으로 심한 약물중독자들이 회복되는 과정은 회복이 매우 더디고, 후퇴를 반복했다. 따라서 상담자는 장기간 소요되는 중독자의 회복에 대한 믿음을 놓지 않고 오랜 시간 내담자와 함께 상담 작업을 계속할 수 있는 끈기가 있어야 한다.

다섯째, 내담자에게 때로는 단호하고 엄격한 태도를 보일 수 있는 용기도 필요하다. 중독자들은 본의 아니게 다른 사람들을 조종하는 데도 능하기 때문에, 자칫 잘못하면 이들 때문에 상담 방향을 잃고 헤매는 결과를 초래할 수 있다. 시기적절하게 내담자에게 핵심 문제를 직면시키는 일, 단약에 대해 철저한 태도를 유지하는 일, 재발 방지에 대한 계획을 세우고 확실하게 다짐을 받는 일 등에 엄중한 자세를 취할 수 있어야 한다.

여섯째, 약물중독문제는 의학적 처치도 병행되어야 하며, 치료공동체 생활을 해야 할 경우도 있으므로, 여러 분야에서 일하는 전문가들과 마음을 열고 폭넓게 대화하며 협력할 수 있는 개방적 자세가 요구된다.

국립서울정신병원에서 2년 동안 매주 만나 개인상담을 진행하던 여학생이 끝내 회복되지 못하고 종적을 감춘 일, 중곡동의 한 신경정신과에서 집단상담을 진행하던 중에 지난주 퇴원했다던 남학생 한 명이 집에서 프로판가스를 흡입하다 폭발사고로 사망했다는 소식을 접하면서 필자는 좌절했었다. 더구나 앞에 소개했던 그 정신과 의사는 자신의 병원에 입원했던 환자 때문에 일어난 화재 사고로 자신의 조카를 비롯한 여덟 명이 사망하는 일이 생겨 교도소에서 2년 이상을 보냈다. 하지만 다시 병원을 개원하고 경기도 가평에 이들을 위한 치료공동체까지 여는 모습을 보면서, 중독자에 대한 변함없는 열정과 사랑 그리고 인내만이 약물중독자 상담자에게 매우 필요한 것이라는 사실을 재차 확인하게 된다.

마지막으로 위에 소개한 상담자의 인간적 자질에 약물중독 상담에 관한 전문적 지식을 갖추는 일이 필수적이다. 먼저, 약물상담자는 약물사용에 대한 사례개념화(약물사용 문제에 대한 이론적 가설 또는 설명을 만들고, 그에 따른 상담 개입 방향을 잡는 일)에 능해야 할 것이다. 또한 약물중독 상담이기 때문에 따라야 하는 특별한 상담과정에 대한 지식이나 필요한 상담기법을 갖추어야 하는데, 이를 이 장에서 소개할 것이다.

2) 약물중독 상담의 장애물

이번에는 조금 각도를 달리하여, 약물중독문제이기 때문에 다른 상담과 달리 상담자가 겪을 수 있는 어려움 또는 상담의 장애물을 생각해 보겠다.

첫째, 약물사용 내담자들은 관계 형성이 어렵다. 이들과의 관계 형성에 영향을 미치는 요인은 상담자 자신과 약물사용 내담자 모두에게서 찾아볼 수 있다. 먼저, 상담자 자신이 '약물사용'이라는 문제에 대하여 윤리적으로, 도덕적으로 부정적인 가치관을 갖고 있다면 이들과 치료적 관계를 맺기가 쉽지 않을 것이다. 관계 형성의 어려움에 영향을 미치는 내담자 요인은 '이들의 예민한 감수성'에서 찾아볼 수 있다. 상담자가 적극적으로 표현하지 않더라도 상담자와의 관계 가운데 조금이라도 어색하거나 불편한 느낌이 있다면 쉽게 상담자와 관계를 맺기가 힘들다.

둘째, 약물사용과 관련된 지식이 부족한 상태에서 상담자가 긴장하거나 방어적이 되기 쉽다. 약물사용 문제를 다루기 위해서는 약물의 종류, 약물의 사용 방법, 약물사용 문화, 약물사용 정도에 대한 평가 방법, 약물의 생리 작용, 재발을 다루는 방법 등에 대한 특별한 지식이 필요하다. 따라서 이런 부분에 대한 지식이 부족한 상담자들은 약물남용 내담자와의 상담을 부담스럽게 느끼기 쉽다.

셋째, 내담자의 의존성에 휘말리기 쉽다. 일반적으로 약물사용 내담자들은 약물로 대표되는 물질이 아닌, 관계나 놀이 등에도 의존적이 되기 쉽다. 약물사용 내담자와의 관계에서 적당한 거리를 유지하지 못한다면, 상담자는 약물 이외의 내담자의 또 하나의 의존 대상이 되기 쉽고, 이런 관계에서는 효과적인 상담적 개입이 불가능하다.

넷째, 재발에 대한 좌절을 견디기 어렵다. 내담자의 약물사용 정도가 남용 이전이라고 평가될 경우라면 계속되는 재발을 걱정할 필요는 없다. 그러나 약물사용 정도 평가 결과, 이미 내담자가 중독 범위에 속한다면 계속되는 재발을 상담자가 준비해야 한다.

다섯째, 약물사용 중지라는 드러난 상담 목표에만 초점을 맞출 경우 약물사용을 대신할 대안을 찾기 어렵다. 약물중독 상담에서 '단약'은 상담의 일차적 목표일 뿐 궁극적 목표는 아니다. 약물사용 내담자 상담의 궁극적 목표는 '약물'에 의존하지 않아도 자신의 현실의 삶에 만족하며 지낼 수 있는 상태가 되는 것이다.

여섯째, 상담자 자신이 중독자에 대하여 가지게 되는 역전이를 해결하여야 한다. 통계적으로 우리나라 가장의 20% 정도가 알코올중독문제를 가진 것으로 밝혀져 있다. 따라서 상담자가 성장 과정에서 가족구성원 가운데 알코올중독자 아버지나 형제를 가지고 있을 가능성이 있다. 이 경우, 그 가족구성원에 대해 상담자 자신이 갖고 있는 원망, 분노, 공포, 무력감 등을 먼저 인식하고 해결하는 것이 약물중독자 상담에 크게 도움이 된다.

3) 일반적인 약물중독자에 대한 오해

이 밖에 일반적으로 상담자들이 약물중독자들에 대하여 잘못 알고 있는 상식을 정리해 보는 것도 약물중독 상담에 도움이 된다.

▶ 약물사용 내담자는 함께 상담하기 어렵다. 재발에 재발을 거듭하고, 낫더라도 아주 드물다.

그렇지 않다. 한 연구에 따르면, 3개월 이하의 외래치료를 받은 4,000명을 대상으로 연구한 결과, 코카인 57.2%, 헤로인 56.2%, 마리화나 76.3%, 술 65.1%가 감소했다. 즉, 약물중독이 생각만큼 난치성은 아니다. 흔히 아는 당뇨병, 고혈압, 천식과 비슷하거나 덜한 수준이다.

▶ 딱 끊어야 한다. 다른 성과는 필요하지 않다.

그렇지 않다. 치료의 성과는 여러 가지이며 단약/단주는 이 중 하나일 뿐이다. 음주문제를 스스로 해결했다고 보고하는 사람의 38~63%가 적당히 마시고 있다는 결과가 있다. 치료를 받지 않고 술을 끊은 사람들에 대한 연구에서 단약자들의 세 가지 유형이 발견되었다. 첫 번째는 작심하고 곧 끊어 버리는 경우이고, 두 번째는 양을 줄인 후 단약하는 경우이며, 세 번째 유형은 점차 줄여서 안정된 절제에 이르는 경우다. 40개의 연구를 개관해 본 결과, 회복 성과의 40%가 음주의 양을 줄였고, 14%가 약의 양을 줄였다. 종단 연구의 최종 접촉에서는 하버드 학부생의 19%, 도심 젊은이의 37%만이 단주를 한 것으로 나타났다. 두 표집의 각각 10%, 14%가 절제된 음주로 돌아온 상태였고, 각각 60%, 43%는 여전히 술을 남용하고 있었다. 따라서 단약/단주를 지향하는 치료는 자연적으로 일어나는 점진적인 행동 변화를 촉진하는 데 적합하지 않다고 볼 수 있다.

▶ 이 사람들은 거짓말하고 훔치고 나를 놀래킨다.

그렇지 않다. 중독문제가 질병을 반영하는 것인지, 아니면 도덕적, 성격적 약점을 반영하는 것인지 결정하기 어렵다. 약물남용자들을 모두 범죄자로 볼 수는 없으며, 중독문제가 있다는 것이 그 내담자가 거짓말하고 훔친다는 의미는 아니다.

이 밖에 치료 관계의 형성을 방해하는 치료자 자신의 신념으로는 다음과 같은 것들이 있다. 치료자는 내담자의 행동이 이런 신념을 건드린다는 것을 알고 있어야 하며, 내담자가 가끔 자신을 격앙시킬 것이라는 마음의 준비를 하고 있는 것이 좋다.

- '약물중독자는 하나같이 똑같다.'
- '실수와 재발은 재앙이다.'
- '이 사람 전형적인 중독자구먼.'
- '해독 기간이 끝나면 모두 다시 재발할 텐데 뭐.'
- '이 내담자가 나를 멍청하다고 생각하는군.'
- '이건 내 시간만 낭비하는 거다.'

이를 대체할 수 있는 좀 더 적응적인 신념은 다음과 같은 것들이다.

- '내 내담자는 중독을 극복하려 분투하고 있다.'
- '내 내담자는 지금 즉시 단약하는 것에 대해 양가감정을 느끼고 있다.'
- '내 내담자가 재발한다 해도 그것은 내 탓이 아니다.'
- '만약 내담자가 정직하지 못하다면 그것은 그 사람이 진실을 부끄러워하고 있다는 의미일 것이다.'
- '재발이 세상의 끝은 아니다.'
- '우리는 정말이지 이 재발로부터 뭔가 배울 것이 있다.'

4) 약물중독 상담 지침

그렇다면 좀 더 구체적으로 약물중독자들을 상담하기 위한 실제적 지침을 생각해 볼 수 있을까? 다나(Dana)와 블레벤스(Blevens) 등(2002)은 약물남용 내담자의 상담에 다음과 같은 지침이 필요함을 지적했다.

(1) 내담자를 존경하고 긍정적인 접근을 취하라.

과거의 약물 행동 치료에서는 공격적인 직면, 내담자의 방어 파괴, 강압, 속임을 당하지 않기 위한 경계 등을 요구할 것이라고 생각했다. 그런 접근에서는 치료자에게 강력한 전문가의 역할이 요구되었다. 상담자는 수동적이고 저항적인 중독자에게 필요한 지식, 지혜, 통찰, 동기를 나누어 주어야 한다고 생각되었다. 최근에 들어서는 치료가 개인에게 힘을 실어 주고 존경하는 태도를 가질 것을 강조한다. 존경하고 지지적인 접근이 좀 더 나은 결과를 가져올 수 있다는 것이 밝혀지고 있다. 내담자는 변화에 대한 양가적인 감정을 느끼면서 상담과정에 임하게 된다. 약물남용을 치료하려는 사람들은 좀 더 나은 생활에 대한 희망이 없어질 때 치료를 시작하곤 한다. 그러기에 그들은 낙관적인 사고, 가능하다는 느낌, 그들의 삶이 살 만한 가치가 있다는 감정으로부터 도움을 받을 수 있다. 무기력한 상황에서 변화의 가장 큰 가능성은 성공을 스스로 상상해서 그려 볼 수 있는 새로운 능력을 계발하는 것에 달려 있다. 존경하는 태도를 가진 상담자는 내담자가 그들의 회복에 궁극적인 책임을 지고 있다고 인식하고 있다. 자신의 삶을 통제할 수 있다는 가능성을 믿는 사람은 좀 더 쉽게 건강을 증진하는 행동에 몰입할 수 있을 것으로 보인다.

(2) 약물남용문제를 아무 문제없는 약물사용에서 문제가 있는 약물사용에 이르는 연속선상에서 보아라.

치료 제공자는 약물남용문제에 대한 평가를 과도하게 단순화하는 경우가 있다. 과도하게 단순화하는 것은 알코올문제를 다룰 때 일반적으로 나타나는 현상이다. 많은 사람들은 알코올중독을 하나의 질병으로 보고, 중독이 한 번 확인되면, 일련의 특수한 치료 과정이 기술될 수 있다고 본다. 사실, 알코올중독이라고 불리는 것은 다양한 변수가 있는 증상이다. 음주하는 사람의 알코올 소비량, 신체적 증상, 음주행동의 패턴, 음주가 일상에 미치는 결과, 성격, 사회적 환경, 성, 문화 그리고 다양한 요인들이 그 변수다.

알코올중독에 대한 이분법적인 분류는 내담자가 알코올중독이라는 것을 알면 그들을 어떻게 치료할지 우리가 알고 있다는 가정을 전제로 한다. 이분법적 진단의 사용은 개인적인 차이를 감춤으로써 치료 계획을 방해한다. 이런 단순화된 평가적 접근은 음주문제 및 약물사용의 경우, 초기에 개입하지 못하게 해서 치료의 효과성을 떨어뜨린다. 이분법적인 진단은 일반화되고 산만한 상담으로 이끌어 가게 된다. 그리고 이런 상담은 비효과적이거나 효과가 있다고 하더라도 심각하고 만성적인 그리고 오래 지속된 약물남용자들의 필요만을 만족시킬 수 있을 것이다.

(3) 치료 방법과 목표에서 개인화된 치료를 제공하라.

복잡하고 다양한 측면을 가진 인간 존재로서 사람들을 생각할 때, 우리의 치료를 내담자에게 적절하게 발전시켜 나갈 수 있다. 약물남용 역시 여러 삶의 문제들의 맥락을 고려해야만 한다. 약물남용은 다양한 사회적, 심리적, 가족 그리고 재정적인 문제와 관련되어 있다. 약물남용 상담에서의 좋은 결과는 삶의 여러 영역들에 걸친 회복을 포함한다는 가정을 기반한다. 각 개인에게 적절한 목표를 설정하고 개인의 결손만을 확인하는 평가 과정만으로도 포괄적인 치료에 이르게 할 수 있다.

평가 과정은 약물사용과 관련된 목표를 설정하도록 안내하는 것을 목표로 한다. 목표 설정에서 상담자와 내담자는 가장 바람직한 결과를 결정하도록 같이 작업해야 한다.

알코올의 경우는 목표 설정이 복잡하다. 단주가 아닌 절제된 음주 목표는 논란의 대상이 되고 있다. 음주문제가 오래된 사람, 음주에 관련된 삶의 문제를 많이 가지고 있는 사람, 신체적으로 중독된 증후가 보이는 삶, 음주로 악화될 수 있는 건강상의 문제를 가진 사람이거나 절제하며 음주하는 데 성공하지 못한 사람에게는 절제된 음주의 목표는 좋지 않고 금주의 목표가 적당하다. 반면, 초기 단계의 문제 음주자들에게는 금주보다 절제의 목표가 더 적절해 보인다. 청소년에게는 그들의 문화적 가치와 발달적 규준에 맞춰 보면 절제가 좀 더 적절한 듯하다. 도움을 받는 전제조건으로 금주를 요구하는 것은 치료의 불필요한 장애물이 될 수 있다.

(4) 장기간 회복을 고려해서 사회적이고 환경적인 측면에 초점을 맞춘 다면적인 치료를 제공하라.

약물남용을 제거한다고 하더라도 내담자들에게 다른 삶의 문제들은 사라지지 않는다. 문제의 원인이 약물남용과 독립적이기 때문일 수도 있고, 수년간의 약물이나 음주가 다양한 삶의 문제를 심각하게 일으켰기 때문일 수도 있다. 따라서 상담은 다면적일 필요가 있다. 약물 행동에만 초점을 맞추기보다 사회적, 심리적 그리고 직업적 기능의 맥락에서 보아야 한다. 결국, 내담자의 회복은 그들의 내적인 특성뿐만 아니라 사회적인 환경, 실제 생활을 대처할 수 있는 기술 레퍼토리에도 달려 있다. 청소년 약물남용을 다루려는 개입들은 그들의 또래와 부모 영향력을 고려해야 한다.

다양한 측면에서의 회복은 치료 과정에 중요한 의미를 가지고 있다. 첫째, 치료 목표는 직업적인 기능, 심리적인 안녕, 사회적 몰입과 같은 영역에서의 재활을 다룰 필요가 있다는 것, 둘째, 이런 다양한 삶의 측면에서의 기능 수준은 개인의 새로운 건강한 행동을 유지하는 능력에 강력한 영향을 줄 수 있다는 것이다. 내담자가 효과적인 대처 반응을 배우고 그들의 자기효능감을 높이면서 가능한 환경적 자원을 쌓는다면, 삶의 스트레스를 줄일 수 있다. 또한 상담자가 개인적, 환경적 자원을 확인하고 증진시킬 수 있도록 돕는다면, 상담이 좀 더 효과적일 수 있다.

(5) 새로운 방법과 목표에 개방되어 있어라.

예전 약물 치료의 주요 단점 중 하나는 방법 선택의 경직성이다. 주요 흐름인 접근에 맞지 않는 내담자는 선택의 여지가 없었다. 예전의 많은 상담자들은 내담자에게 알코올중독을 교육시키는 것이 필요하고 이것이 술을 줄이게 하는 충분한 치료 기제를 제공한다고 가정해 왔다. 또한 직면적인 상담자 행동은 오랫동안 중독 치료의 중요한 구성요소라고 생각되어 왔다. 하지만 경직된 상담 방법의 한 모습으로 여겨지고 있다.

(6) 다양한 내담자 그룹의 필요를 맞춘 다문화적인 관점을 사용하라.

현재 연구와 실제 치료와의 밀접한 연결이 약물남용의 영역에서 급선무다. 다행히도 다양한 치료 양식의 효과성에 대한 연구가 최근에 성장하고 있다. 즉, 사회적 기술 훈련, 자기 통제 훈련, 단기 동기 상담(brief motivational counseling), 행동적 부부 치료, 커뮤니티 강화 접근 방법(community reinforcement approach), 스트레스 관리 훈련 등 다양한 관점을 사용한 접근이 필요하다.

2. 개인상담

약물중독자들은 그들의 필요에 따라 다양한 도움을 받을 수 있다. 자신이 중독자라는 사실은 매우 받아들이기 어렵지만, 일단 자신이 중독자임을 인정한 후에는 중독 정도에 대한 진단 그리고 중독 과정에서 몸에 일어난 변화를 회복하는 해독 과정 등의 처치가 필요하다. 그 다음으로 약물사용자들에게 도움이 되는 접근은 '교육'이라고 생각한다. 약물중독이라는 병에 대한 바른 이해, 중독물질을 사용하면서 자신의 몸에서 일어난 변화에 대한 안내, 나아가 중독이라는 문제가 자신의 가족 안에서 어떻게 일어났는지에 대한 가족 역동의 이해, 재발의 경로나 재발 방지 방법, 단약 이후 삶의 설계 및 단약 유지 방법, 자조집단의 종류 및 참여 방법 등이 교육을 통해 제공되어야 할 중요한 주제다. 한편, 같은 중독문제를 가진 사람들끼리 함께 마음과 경험을 나누는 집단상담과 자신의 깊은 문제를 내어 놓고 의논할 수 있는 개인상담 역시 중독자들에게 도움이 된다. 그럼 먼저 약물중독자의 개인상담에 관하여 상담과정 및 상담기법을 정리한 후, 중독상담에 필수적인 재발 다루기에 대하여 생각해 보겠다.

1) 상담과정

(1) 상담 초기-평가, 절제와 치료를 위한 동기화, 해독, 절제 목표 세우기

① 평가

약물남용 내담자를 상담하는 데 평가는 매우 중요한 역할을 한다. 약물남용은 내담자에게 정신적, 심리적인 문제를 일으킬 뿐만 아니라 신체적인 부분에도 큰 영향을 미친다. 따라서 상담 초기에 내담자의 심리적, 신체적 문제들을 잘 평가하는 것이 반드시 필요하다고 볼 수 있다. 약물남용과 중독은 앞으로 내담자의 삶과 신체적, 정신적 문제에 지속적으로 영향을 미칠 수 있으므로 평가는 계속해서 시행되어야만 한다.

평가에서 가장 먼저 할 일은 약물남용의 수준이 어느 정도인 지를 확인하는 것이다. 따라서 이때는 의학적인 검사들도 실 시해야 한다. 또한 현재 사용하고 있는 약물에 대해서 대체 중독물질이 있는지, 그것을 어느 정도 사용하고 있는지를 파 악해야 한다. 약물중독이 된 내담자들은 알코올, 담배 등 다 른 물질중독을 함께 가지고 가는 경우가 많기 때문이다. 또한 과거의 치료 경험들을 알아보는 작업이 필요하다. 예전에도 치료를 받은 경험이 있는가? 어떤 종류의 치료를 어떤 치료자 에게서 받았는가? 어느 정도 수준까지 치료가 이루어졌는가? 행동이나 성격 면에서 중독을 일으킬 수 있는 다른 요소들은 무엇이 있는가? 등을 확인하는 작업이 필요하다.

다음으로 약물을 사용할 돈은 어떻게 구했는가? 잠재적인 반사회적인 성격을 어느 정도 가지고 있는가? 얼마나 자기 파 괴적이며 그 위험 수치가 높은가? 약물사용에 관한 가족력은 어떻게 되는가? 동료들은 어떠한가? 등의 약물남용과 관련된 주변 환경들에 대한 조사도 필요하다. 다양한 평가 방법들과 항목들은 앞의 진단 및 평가 부분에서 자세히 다루어졌으므 로 여기서 간단히 정리하고자 한다. 약물중독의 평가에서 무 엇보다 중요한 것은 내담자가 어느 정도 수준으로 약물사용 을 했으며, 앞으로 그것이 어떤 영향을 미칠 것인지를 파악하 는 것이다. 약물사용 수준에 따라 상담과정에서 라포 형성이 나 협조 정도가 다를 수 있기 때문에 상담자는 미리 이러한 사 실들을 파악하여 상담 전략을 세워야 할 필요가 있다.

② 절제와 치료를 위한 동기화

상담자는 청소년들이 약물사용을 절제하고 치료를 받을 수 있도록 상담 초기에 동기화시켜 주어야 한다. 많은 내담자들은 약물사용을 절제할 필요가 있어 찾아오게 된다. 이때 상담자는 몇 가지 기법을 활용하여 이러한 절제를 높여 줄 수 있도록 한다. 이런 기법들에는 점진적인 설득, 직면, 실험실 등의 방법들이 있다. 또한 내담자 주변의 가족, 친구, 선생님과 같은 주변 환경들은 약물사용 절제에 큰 도움을 줄 수 있다. 가족들은 내담자가 약물사용을 중단하고 앞으로 계속 치료를 받을 수 있도록 지지하고 격려해 주며, 내담자를 강력하게 뒷받침해 주도록 한다.

③ 해독

약물상담에서는 상담과정 가운데 기존 사용한 약물의 잔재를 해독하는 작업이 필요하다. 이때 상담자는 의학적인 방법을 함께 사용하여 해독작용을 한다.

④ 절제와 치료 계획 세우기

여러 가지 평가와 면접을 통해서 내담자의 상태가 파악된 후에는 앞으로의 치료 절차를 계획한다. 이때, 먼저 입원치료를 할 것인지 외래치료를 할 것인지를 결정해야 한다. 이는 내담자의 약물남용 상태, 의존도, 자아강도 그리고 주변 환경의 지지 수준을 파악하여 결정할 필요가 있다. 또한 앞으로 어떤 치료 방법을 사용할지를 결정하도록 한다. 단주친목모임(AA)과 같은 집단을 통한 상담과 치료를 할 것인지, 그렇지 않으면 약물요법을 사용할 것인지, 그 외의 치료 방법들을 사용할 것인지 결정한다. 이런 치료 방법들은 내담자의 심리적인 문제들과 인지적 문제들을 함께 고려해야 한다. 그 후 내담자와 앞으로의 치료에 대해서 상세하게 계약을 체결하도록 한다.

(2) 상담 중기
약물상담에서 치료를 통해 약물사용을 절제하기 위한 필수적인 단계는 다음과 같다.

- 재발을 일으키는 요소들에 대해서 교육한다.
- 약물을 이용하도록 자극하는 외적 요소와 내적 감정들을 확인한다.
- 약물사용과 관련된 활동들을 대체할 수 있는 지지 체계와 일상 구조들을 확립한다.
- 위기 상황과 약물을 사용하고 싶은 욕망을 다루는 행동 계획을 세운다.
- 치료를 받다가 초기에 그만두지 않도록 계획을 세운다.

그리고 상담자는 이 시기에 약물남용의 재발 경로를 고려하여 상담해야 한다. 내담자가 재발 경로에서 어느 단계에 와 있으며, 그 단계에서 어떻게 고리를 끊어 줄 수 있는지 생각하고 중재할 필요가 있다. 재발 경로는 다음과 같은 절차를 따른다.

- 승진, 임신, 폭력에의 위험, 이혼, 배우자와의 별거 등 살아가면서 생기는 긍정적 혹은 부정적인 변화들 때문에 스트레스가 쌓인다.
- 이러한 스트레스는 엄청난 부정적 혹은 긍정적인 생각, 기분, 느낌들을 일으킨다.
- 이러한 생각, 기분, 느낌들을 누르려고 하지만 잘되지 않을 때, 혼란하고 당황하며 우울하고 분열되기 시작한다.
- 행동에 실패하고 충동적인 반작용을 일으키면, 문제는 지속되고 더욱 증폭된다.
- 문제의 심각함을 부인하고 이러한 문제를 회복하기 위한 도구들을 사용하지 못한다. 부적절한 방식으로 문제를 해결하고자 한다.
- 상담과 치료에 참여하지 않거나 적극적으로 참여하지 않으려고 한다.
- 문제는 더욱 증폭되고 부적응적인 방법으로 문제를 더욱 악화시킨다.
- 문제를 대처할 수 없도록 무기력해지며 무능력해진다.
- 약물에 몰입하게 되고, 이 상황에서 약물만이 유일한 해결책이라고 믿게 된다.

- 좌절하고 절망할 뿐만 아니라 주변에서 지지해 주던 환경으로부터 고립되고 소외된다. 그리고 약물사용에 더욱 몰두하게 된다.
- 약물을 사용하고 싶은 욕구는 참을 수 없는 지경에 이르게 되며, 여러 가지 물질에 중독된다. 이로써 재발 경로가 완성된다.

(3) 상담 종결기

약물중독자를 상담하는 상담자는 상담 후반부에 친밀성과 자율성을 높여 주는 상담을 한다. 이 시기에 다루는 주제는 슬픔과 손실, 초기에 경험한 충격으로 가게 하기, 전이와 역전이, 자아도취적 행동을 탈피하기, 여전히 남아 있는 역기능적 영향들을 고려하기, 건강한 자아개념 형성하기, 친밀성을 획득하기 등이 있다. 특히, 이 시기에는 통찰-직면 지향적 상담을 진행하는 것이 좋다. 따라서 여러 가지 상담이론의 틀로 내담자가 새롭게 얻어야 하는 조망, 과거 문제를 깊이 직면하고 해결할 수 있는 방법, 그 이후 자신과 가족에게 일어나야 할 바람직한 변화 방향에 대하여 심도 있고 철저한 대화가 이루어진다.

마지막으로 종결기에서 중요하게 고려한 점은 다음의 세 가지다.

첫째, 개인상담이 종결되고 난 이후 자조집단이나 치료공동체 등의 지지 집단과 연결해 주도록 한다.

둘째, 상담자에게 의존했던 관계로부터 내담자가 독립해서 자신의 삶을 계획, 관리, 주도할 수 있는 생산적 방법을 알도록 한다.

셋째, 재발을 고려하여 추후 상담 시기를 잡는다.

2) 상담기법

다음에 약물중독자 상담에 도움이 되는 중요 상담기법을 모아 보았다. 중요한 점은 기법은 기법일 뿐, 상담자가 특정 기법을 사용하는 이유를 자신이 선택한 상담이론에 기초하여 분명하게 알고, 목적을 가지고 사용해야 한다는 것이다. 먼저 단순한 기법 몇 가지를 정리한 다음, '인지-행동주의' 상담원리에 따라 상담 단계별로 기법을 사용하는 과정을 생각해 보았다. 이 부분은 필자가 편저한 '청소년 비행 및 약물중독상담' 내용을 일부 수정하여 실은 것이다.

(1) 감정처리기술

내담자들은 약물을 정서적 동기에서 사용하기 때문에 감정처리기술은 약물사용 내담자들이 반드시 배워야 하는 생활기술이다. 감정을 잘 표현하는 내담자는 현명하게 결정을 내릴 수 있는 강한 입장에 서게 된다.

감정처리를 돕는 방법

- 자신의 감정을 식별, 자인, 표현하는 것을 보여 주는 말을 모델링함으로써 내담자들에게 기본적인 생활기술을 가르칠 수 있다(감정을 명명하고 간단한 설명을 덧붙이는 진술 등).
- 내담자들에게 어떤 상황으로부터 얻은 감정을 묘사하도록 한다.
- 내담자들에게 감정을 나타내는 풍부하고 건설적인 언어들을 노출시킨다.
- 좋은 청취자가 되어 준다.
- 내담자들이 감정을 표현할 때 지지해 준다.
- 감정에 대해 판단하는 것을 삼간다. 감정은 결코 선이나 악이 아니다.
- 내담자들이 감정을 정직하게 공유할 때 결론짓기를 피한다.

(2) 의사결정기술

약물사용을 피하기 위해서는 매우 어린 시절부터 중요한 결정을 내릴 수 있게 준비시켜야 한다.

의사결정을 돕는 방법

- 좋은 결정을 하는 모델이 되어라.
- 실수를 허용하라.

- 아이들이 직접 결정을 내리거나 다른 사람이 결정하도록 격려하라.
- 칭찬이나 다른 보상으로 용기를 주어라.

(3) 긍정적 행동을 확립하는 기술

긍정적 행동패턴을 확립하는 것은 내담자들을 약물남용으로부터 막는 본질적 요소다. 부정적 행동이 강력하게 약물남용에 작용하는 것처럼 긍정적 행동은 약물사용에 대해 자기강화적이다.

긍정적 행동 확립을 돕는 방법
- 단언하는 방법 배우기: 스스로에게 확신적, 지지적으로 말할 수 있는 태도를 가져라.
- 긍정적 행동에 대한 보상으로 돈이나 물질적 선물을 하지 말라.
- "네가 자랑스럽다."라는 말을 삼가고 대신 "너는 너 자신의 노력이나 성취에 자랑스러움을 느낄 충분한 권리가 있다. 잘 했구나."라고 말하라.

(4) 기분유지기술

기분유지기술이 발달되지 않으면 약물문제를 일으킬 수 있다. 알코올과 다른 약물은 기분 변화를 일으키는 화학물질이기 때문에 아이들이 종종 인위적으로 기분을 유지시키거나 변화시키기 위해 이 화학물질을 사용하기도 한다.

기분이란 무엇인가

1시간당 0~100km를 가는 차에 비유할 때 자동차 속도는 다음의 기분에 상응한다.

> 0 우울한 10 초연한 20 지루한 30 평온한 40 이완된 50 흥미 있는 60 흥분한 70 불안한 80 성난 90 노한 100 격분한

⇨ 시간당 30~60km의 속도에서 느끼는 기분이 인간에게 가장 생산적이고 안정이다.

⇨ 중간 범주로 자신의 기분을 유지하도록 배운 아이들은 알코올 및 약물사용을 덜하거나 이에 관련된 문제발생률이 낮다.

⇨ H. A. L. T(Hungry, Angry, Lonely, Tired)를 피한다.

(5) 거절기술

거절기술은 알코올 및 다른 약물에 대해 "아니요."라고 말하는 능력을 발달시키는 데 필수적이다. 효과적인 거절은 주장적이며, 타인을 존중하면서 확실하게 자신의 선택을 말하는 것이다.

거절스타일

- 수동적 거절스타일: "아니요."라고 말하기보다는 "아마도."라고 말하는 경향이 있다. 어쩔 수 없이 감정을 나타내거나 타인을 따라간다.
- 공격적 거절스타일: 반대를 과장하여 말하거나 자신에게 제안한 것에 대해 분개한다. 욕과 위협을 하고 타인을 존중하지 않는다.
- 주장적 거절스타일: 단정적 거절스타일을 가진 사람은 유혹을 받았을 때 타인에 대한 존중적 태도를 나타내면서 상냥하게 "아니요."라고 한다. 중독자들이 주장적 거절기술을 실천하도록 돕는다.

이 밖에 약물사용을 제안받을 경우 거절하는 방법을 밝힌 다음의 예를 참고하여 약물사용자들이 구체적으로 명확하게 자신의 거부 의사를 전달할 수 있도록 도와준다.

- 예/아니요를 분명히 밝힌다.
- 대답은 간단히 한다.
- 조용한 목소리로 말한다.
- 상대방에게 멸시하거나 창피를 주는 말을 하지 않는다.
- 거절의 이유를 나의 욕구나 권리에 둔다.

- 미안하다는 말은 그렇게 느낄 때만 한다.
- 거절을 받아들이지 않으면 대화를 마친다.
- 대안을 제시한다.

(6) 엘리스(A. Ellis)의 ABCDE 논박 활용법

전통적인 합리적 정서 치료 과정의 ABCDE에서는 내담자의 비합리적 신념 자체에 초점을 맞추고 이를 공략하지만, 약물중독의 경우는 신념보다는 선행 사건, 즉 약물을 사용하게 만드는 유발 상황을 바꾸는 것이 더 효과적일 때가 있다. 예를 들면, 이성 친구가 약물중독자라면 그와의 관계를 끝내고, 지금 다니는 학원에 만족하지 않으면 새로운 학원을 알아보는 등 ABCDE에서 BC의 고리(비합리적 신념과 그 결과)보다는 AB의 고리(선행 사건과 비합리적 신념)에 직접적 개입을 할 수 있다. 즉, 우울을 치료할 때는 우울에 대한 우울, 불안을 치료할 때는 불안에 대한 불안을 다루지만, 중독을 치료할 경우는 시간적으로 뒤로 물러나 약물사용에 선행하는 AB에 초점을 맞춘다. 왜냐하면 중독자들은 변화에 대해 양가감정을 갖고 있기 때문이다. 다음에 제시하는 사례 1과 2를 비교해 보면, 그 차이를 알 수 있다.

사례 1

- **상담자**: 오늘은 어떤 이야기를 해 보고 싶니?
- **내담자**: 글쎄요, 저는 아직 담배를 피우고 있는데, 끊고 싶어요.
- **상담자**: 그래요. 담배를 피우는 것에 대해서 어떻게 느끼는데?
- **내담자**: 끔찍하죠. 저는 끊고 싶어요. '나는 끊을 거야.' 하고 스스로에게 말하죠. 그런 다음에는 그냥 한 대 피는 거예요. 저는 의지력이 전혀 없는 것 같아요.
- **상담자**: 음. 매우 흥분하는 것 같은데 무엇 때문일까?
- **내담자**: 저는 완전한 실패작 같아요. 제 여자 친구에게 끊겠다고 약속했는데, 그 친구는 제가 벌써 끊었을 줄 알고 있을 텐데, 아직도 몰래몰래 피우고 있으니.
- **상담자**: 자신에게 이렇게 말한다는 소리로 들리네. 나는 의지만 약한 게 아니라 실패작이다. 아직도 몰래몰래 피우고 있으니.
- **내담자**: 그래요, 전 그게 싫어요.
- **상담자**: 그런데 말이야, 어떻게 어떤 한 가지 일을 못한다고 해서 실패작이라고 생각할 수가 있는 걸까?

사례 2

- **상담자**: 오늘은 어떤 이야기를 해 보고 싶지?
- **내담자**: 글쎄요, 저는 아직 담배를 피우고 있는데, 끊고 싶어요.
- **상담자**: 하루에 얼마나 피우는데?
- **내담자**: 한 갑 정도……
- **상담자**: 어떻게 하고 싶은가?
- **내담자**: 완전히 끊고 싶어요.

- **상담자**: 담배를 가장 최근에 핀 것이 언제지?
- **내담자**: 상담 시작 바로 전에요.
- **상담자**: 혹시 피지 않을 것에 대해 생각해 봤니?
- **내담자**: 아뇨.
- **상담자**: 그러니까 그 당시에는 아무 생각이 없었네.
- **내담자**: 없었죠.
- **상담자**: 다음번에는 언제 피우실 건가?
- **내담자**: 휴식 시간에요.
- **상담자**: 만약 안 피울 계획이라면, 자신에게 어떻게 말하면 이 계획이 틀어질까?
- **내담자**: 별 문제 안 돼.
- **상담자**: 그 밖에는?
- **내담자**: 한 대 피워 놓지 않으면 회기의 후반부에 불편해질 거야.
- **상담자**: 이렇게도 말할 것 같은데요. "난 담배를 원해. 물론 비합리적이거나 미친 것은 아니지." 그런데 이것은 비합리적인 부분이고 네 안에 두 살짜리 목소리가 있는 것 같아. 두 살짜리는 너무 어려서 시간 감각이 없지. 그렇지만 너는 그렇지 않잖아. 두 살짜리들은 내일에 대해 생각하지 않지만 넌 생각하잖아. 두 살배기처럼 생각하는 것은 네가 원하는 것이 아닐 거야. 그 담배를 건너뛰기로 결심한다면 자신에게 뭐라고 말할 것 같은가?
- **내담자**: 아, 모르겠어요.
- **상담자**: 글쎄, 잠깐만 함께 생각해 보자. 너의 한 부분은 담배를 원하고 이렇게 말하지. "난 내가 원하는 것을 원하는 때 가져야 한다." 그런데 너의 다른 한 부분은 담배를 끊고 싶다고 하는

데……. 대신에 자신에게 뭐라고 하고 싶나?

- **내담자**: 난 그걸 원치 않아요. 그렇지만 담배를 피고 싶다고 생각해요.
- **상담자**: 그래요. 당장은 피고 싶지만, 끊기를 원하는군요. 그러니까 중장기적으로 볼 때는 피고 싶지 않다는 의미네. 그 담배 한 대를 피지 않고 건너뛰어 보려고 한번 해 보겠니? 그러면서 자신에게 뭐라고 말하면 효과가 있는지 찾아보는 게 어때?
- **내담자**: 글쎄요? 그럴 수 있겠죠.
- **상담자**: 모든 것이 너에게 달렸어. 네가 갈등을 겪고 있는 것은 당연한 일이야. 너는 지금 단기적 목표와 장기적 목표 중 어느 것에 맞춰야 할지 확신이 없는 상태일 뿐이지.

(7) 행동분석과 인지적 접근을 통합한 접근 기술

다음으로 행동분석과 인지적 접근이 병합된 문제행동 극복기제가 있다. 행동분석 방법이란 양심적으로 자신의 약물남용 행동―같이 약물을 사용하는 사람, 장소, 그때의 기분, 이런 행동의 위험성과 치명적 문제점 등―에 관하여 짠 도표를 약물남용 위험 내담자들에게 숙제로 채워 오게 하고 이를 다음 회기에서 다루도록 하는 것이다. 문제행동 극복기제 방법은 약물남용 위험 내담자 스스로가 자신이 스트레스를 느끼는 상황과 약물을 사용하게 되는 위험 상황들을 극복해 나갈 수 있는 방법을 개발해 나가도록 도와주는 것을 의미한다. 그 과정을 나타내 보면 다음과 같다.

▶ 첫째, 스트레스를 주는 것과 위험 상황을 알아내기

무엇이 약물을 사용하게 만드는 가장 큰 환경적 요인인지를 집단에서 아무것이나 다 이야기(brainstorming)한다. 스트레스를 주는 상황이 의식 수준에 떠올라야 그것을 현실적인 방법으로 다룰 수 있다.

▶ 둘째, 인지적 재구성

내담자가 어떻게 이러한 스트레스 상황을 중재할 수 있을지에 관하여 이야기한다. 지금까지의 비현실적 방법 — 약물남용 — 을 바꾸어 좀 더 합리적으로 반응할 수 있도록 사고과정을 바꾼다.

▶ 셋째, 성공적인 접근 양식을 알아내기

둘째 단계에서 밝혀진 대로 약물과 관련된 문제를 다루어 나가는 현실적인 방법을 상담과정을 통해 구체적으로 알아간다.

이 밖에 인지-행동적 개입 방법으로는 이완치료 방법이나 자기주장 방법이 있다. 약물 없는 삶을 새로이 시작하면서 겪는 불편감으로는 일시적인 불안감과 신경증적 기질에서 비롯되는 만성적인 불안감이 있다. 약물남용 청소년은 불안을 견뎌 내는 힘이 매우 약하며 이 불안에서 벗어나기 위해 약물을 다시 사용하게 된다. 이러한 불안감 경감 기법으로 이완치료,

체계적 둔감화를 사용한다. 자기주장훈련은 약물 재사용이
일어날 수 있는 위기 상황에서 거절하는 법을 학습시킨다. 일
과기록기법은 행동주의 심리학에서 시작된 방식으로 재발 방
지를 위해 도움이 되는 도구다.

그러나 이러한 인지-행동주의적 상담 방법을 사용할 때 주
의할 점은 청소년들이 이 방법으로 자신의 변화를 일으키겠
다는 충분한 동기가 생겼을 때라야 이 방법이 효과적이라는
것이다. 따라서 상담의 초기 몇 회는 청소년들이 약물에 관한
자신의 경험과 가치, 생각을 자유롭게 표현하며 약물사용을
그만두어야 한다는 결론에 스스로 이르러 동기화된 이후에
이 방법을 사용하는 것이 바람직하다.

(8) 합리적 정서치료 이론의 각 단계에 따른 기법

다음으로 비숍이 소개한 약물사용 문제에 대한 합리적 정
서치료 이론에 기초해서 각 단계에 적합한 인지 행동적 개입
방법을 자세하게 제시해 보겠다. 전체 치료 단계는 모두 5단
계로 구성되어 있으며, 단계마다 각기 다른 상담적 개입을 필
요로 한다.

① 1단계의 내담자

일단 2단계로 옮기는 것이 목표다. 이를 위해서 사용할 수
있는 것이 동기를 불러일으키는 면접(Motivational interview)이
다. 이는 로저스식 접근에 뿌리를 두고 있다. 내담자의 상황

에 대한 공감을 표현하고 불일치를 일깨우되, 논쟁은 피하고 저항은 미끄러지듯이 처리하는 방법이다. 이는 프레임즈 (FRAMES)라는 틀을 따르는데, 이는 장시간 평가한 후에 중독 행동에 대한 피드백(Feedback)을 주고, 변화의 책임(Responsibility)이 내담자에서 있음을 명료화한다. 적절한 시기가 되면 직접적인 충고(Advice)를 주며, 내담자에게 선택할 수 있도록 치료의 메뉴(Menu)를 제시한다. 변화를 위해서는 공감(Empathic)이 중요하다는 점을 인식하며, 치료자는 내담자와 함께 작업하며 내담자의 자기효능감(Self-efficacy)을 증진시킨다. 불일치를 일깨우는 데는 글래서의 3단계 질문이 유용하다. 즉, 당신이 원하는 것은 무엇인가? 그런데 당신이 하고 있는 일은 무엇인가? 그래서 어떻게 하고 싶은가? 등의 질문과 대답이 불일치를 일깨우고 양가감정을 만들어 내는 데 효과적이다. 또한 ABC를 사용할 수도 있는데, 다른 사람의 문제를 소재로 먼저 해 보는 것이 필요하다. 왜냐하면 중독행동은 그들로 하여금 생각을 하지 않게 하므로 생각을 시킨다는 것 자체가 도전이기 때문이다.

② 2, 3단계 내담자(양가적인 내담자)
a. 비용/혜택 분석
약을 그만두는 것은 중독행동의 장단점을 저울질해 보고 중독행동이 자신이 인생에서 원하는 다른 것과 양립할 수 없다고 결론을 내리기 때문이다. 비용/혜택 분석은 이런 점을 활용해서 약을 사용하는 것과 사용하지 않는 것의 긍정적 대 부정적 결과를 비교해 보도록 하는 방법이다. 이때 시간을 단기에서 장기로 늘려 가면서 하는 것이 효과적이다. 예컨대, 술을 마신다고 할 때 '2분 후의 장단점은?' '2시간 후의 장단점은?' '20년 후의 장단점은?' 하는 식으로 순간적인 비용/혜택과 장기적인 비용/혜택을 경험하게 하는 것이 효과적이다.

b. 실험적 계획을 계발하는 것

약물사용을 줄이거나 끊을 수 있는 실험적인 계획을 세워 본다. 이때 도움이 되는 것이 소위 일곱 가지 질문 기법이다. 이는 실험적 계획뿐만 아니라 약물남용의 치료에 필요한 모든 종류의 계획 수립에 활용될 수 있다.

- 상세화 질문: 정책이나 계획을 가능하면 자세하게 세우도록 질문한다. 예컨대, 일주일에 몇 번, 어디서, 한자리에서 얼마나 많이, 첫 한 시간 동안 얼마나 많이? 어디서는 사용하지 않을 건지를 탐색한다. 이런 과정을 통해 자신의 규칙을 정한다. 예컨대, 한자리에서 두 잔 이상 안 마신다, 하루에 세 번 이상 안 핀다, 일주일에 3일 이상 안 마신다 등이다.
- 실천 질문: 내담자가 정한 규칙이나 정책을 실천하는 데 도움이 되는 질문들이다. 퇴근하는 길에 술집에 들른다면, 어떻게 하면 안 들르고 올 수 있을지에 대해 묻고, 파

티에 갔다면 웨이터에게 어떻게 주문할 건지에 대해 확인한다. 예컨대, '진토닉에서 진은 빼 주세요.'라든지, '제가 요즘 항생제를 먹고 있어서……'라는 대답으로 피해 가는 묘안을 짜낸다.

- **가능성 질문**: 어떻게 하면 자신의 계획을 고수할 수 있을지, 몇 퍼센트나 지킬 수 있을지를 확인한다. 만약 고수의 확률이 낮게 나온다면 왜 그런지를 탐색한다.
- **헌신 질문**: 자신이 계획에 얼마나 헌신하는지를 확인한다. 낮다면 치료자가 억지로 설득한 경우다. 내담자의 자발적인 헌신이 이뤄지도록 작업한다.
- **틀어지는 경우에 대한 질문**(Derailing question): 무엇이 계획을 틀어지게 할지에 대해 질문한다. 주요 촉발요인에 대해서 물어본다. 예컨대, 기분이 나쁜 것, 혼자 있는 것, 지루한 것, 다른 사람들의 압력 등을 탐색할 수 있다.
- **가능성 제고 질문**: 성공 확률을 더 높일 방법에 대해서 묻고 토론한다. 예컨대, 자조집단에 참가하거나 치료자에게 주중에 한 번 전화를 거는 것 등의 아이디어를 낼 수 있다.
- **요약 질문**: 최종적으로 내담자에게 자신이 결정한 것을 요약해 보도록 하는 것이다. 이를 통해 내담자는 자신의 인생을 위해 스스로 내린 결정임을 분명히 할 수 있다.

c. 갈망감 대처

갈망감에 대처하기 위한 구체적인 기술을 습득한다. 코카인중독에서 벗어난 사람들에 따르면, 그들이 사용한 대처 기술은 다음과 같았다.

- 부정적인 결과를 의식적으로 떠올린다(77.5%).
- 충동을 참아 내는 방법을 배운다(65%).
- 사용하지 않았을 때의 긍정적 결과를 떠올린다(57.5%).
- 주의를 다른 곳으로 돌린다(41.5%).
- 단것을 먹는다(18.2%).

이상에서 약물사용의 부정적 결과를 의식적으로 상기하고, 약물을 사용하지 않았을 때의 긍정적 결과를 애써서 떠올려 보는 것이 갈망감을 견디게 하는 효과적인 대처 방법임을 알 수 있다.

d. 유해성 줄이기

약을 끊을 준비는 안 되었어도 약과 관련된 위험행동을 줄이는 데는 동기가 있을 수 있다. 이런 점에 착안하여 단약 목표보다는 약물사용의 부수적인 유해성을 줄여 나가는 방법이다. 예컨대, 술은 먹되 음주운전은 하지 않는 것, 코카인에 취하더라도 매춘 시에는 콘돔을 쓰는 것, 약을 하더라도 오염된 바늘을 돌려쓰지 않는 것 등이 유해성 줄이기 개입이다.

③ 4, 5단계 내담자(변화를 다시 시작하거나 유지하는 경우)

이 경우는 예전에 도움이 되었던 개입을 다시 시작하는 방법이 있다. 또한 새로운 계획이나 정책을 세울 수도 있는데, 이때는 앞에서 소개한 일곱 가지의 질문 기법을 사용할 수 있다. 일단 수립된 계획에 대해서는 3R(Review, Revise, Rehearse)에 따라 검토한다. 즉, 계획이 얼마나 잘 세워졌는지를 살펴보면서 필요하다면 수정하고 미래를 위해 리허설한다. 특히, 리허설에서는 역할 연기가 도움이 된다. 건강한 목소리 역할과 갈망하는 목소리 간의 역할 연기를 해 볼 수 있고, 다가오는 결혼식이나 파티 같은 고위험 촉발 상황에 대비할 수 있다.

(9) 인지적 사례 개념화와 그에 따른 기법

마지막으로, 인지상담이론의 틀로 사례를 분석하고, 상담 방향을 계획한 것을 어떻게 상담 장면에서 단계별로 적용할 것인가에 대하여 살펴보겠다.

① 협력적인 치료 관계

내담자는 자신이 약에 의존한다는 것 때문에 수치심과 고립감을 경험한다. 또한 중독자라는 낙인 때문에 도움을 요청한다는 것에 대해 스스로 당황하고, 자신을 도우려는 치료자를 믿지 못한다. 약을 하지 않은 사람과는 의미 있는 관계를 맺을 수 없다고 믿는다. 그래서 그들은 협업하기도 하지만, 때로는 치료자들을 이용하기도 한다. 협력적 치료 관계를 수

립하기 위해서는 일반적인 상담과 심리치료에 적용하는 공감, 솔직성, 수용의 태도로 내담자를 대할 필요가 있다.

② 인지적 사례 개념화
사례 개념화를 위해서는 다양한 정보들을 통합할 필요가 있다. 첫 번째가 배경정보다. 흔히 배경정보를 초기에만 수집하고 나머지 기간 동안 잊어버리는 경향이 있는데, 이보다는 치료를 시작하면서 간단하게 수집하고, 치료가 진행되면서 특정한 주제가 나오면 깊이 탐색하는 것이 바람직하다. 두 번째는 내담자가 제시하는 문제와 현재의 기능을 평가하는 것이다. 이를 위해서 다음의 물음을 검토하는 것이 도움이 된다.

- 현재 사용하는 약은 무엇인가?
- 사용하는 패턴은?
- 약을 쓰면 어떤 효과가 있나?
- 약을 사용함으로써 생기는 만성적인 문제는?
- 약을 사용함으로써 생긴(혹은 닥칠) 위기는?

이런 정보에 더해서 정신과적 진단을 고려하고, 여기에 내담자의 성장과정과 약물사용에 관한 발달사적인 프로파일과 인지적인 프로파일을 통합한다. 앞서 소개한 약물남용에 대한 기본적 인지 모형과 인지 발달론적 모형의 틀을 참조할 수 있다. 통합에서 고려해야 할 사항은 다음과 같다.

- 약이 어떻게 내담자의 문제에 대한 대처 전략으로 작용 되는가?
- 중독행동을 바꿀 마음이 얼마나 있는가?
- 약을 쓰는 것과 자존감이 서로 어떤 영향을 주고받나?
- 가장 적절한 치료 전략은 무엇인가?
- 변화에 대한 잠재적인 장애물은 무엇인가?

③ 구조

인지치료의 회기는 매우 구조화되어 있다. 회기 내에 할 일의 목록과 순서가 미리 정해져 있어서 치료는 이에 따라 진행된다. 약물중독자들은 매우 불안정하고 혼란스러우므로, 인지치료의 구조화된 틀이 문제 체계적인 정의와 해결을 가능하게 해 준다. 회기는 그날 다룰 주제를 내담자와 함께 정하는 것으로 시작된다. 이어서 기분 체크를 하는데, 이는 우울 척도와 같은 설문지를 이용할 수도 있고, 지난주 기분이 어떠했는지 척도로 간단히 물어보는 것으로 대체할 수도 있다. 그다음은 이전 회기와 연결 짓는 것인데, 지난 회기에 다룬 것 중 생활하면서 적용하였던 것, 새롭게 다가왔던 것을 상기하고 토론한다. 이어서 그날의 할 일인 주제에 대한 이야기를 나누고 필요한 인지치료적 작업을 한다.

이때 지침으로 삼을 수 있는 것이 발견을 안내하기(Guided discovery)와 일단락 짓는 요약(Capsule summaries)이다. 발견을 안내한다는 것은 내담자가 스스로 중요한 깨달음을 얻도록 돕는 것이다. 내담자가 얻게 될 통찰은 알고 보면 단순한 것이다. 이를 치료자가 가르쳐 주듯 찾아 주는 것이 아니라, 내담자가 자신의 힘으로 발견하고 느끼도록 한걸음 뒤에서 안내하는 것이다. 이를 위해서 주로 질문을 사용하며, 소크라테스의 설득이 그러했듯이 그 질문에 대한 답을 찾는 과정에서 스스로 이해를 얻도록 한다. 회기의 시작 부분, 중간 부분, 마무리 부분에서 치료자가 이야기의 흐름과 치료의 진전 상황에 대해 정리하는 것이 일단락 짓는 요약이다. 이는 회기 흐름의 초점을 잡아 주는 역할을 한다. 치료가 진행됨에 따라 요약하는 역할이 치료자에서 내담자로 옮기는 것이 바람직하다. 회기의 마무리 부분에서는 그날 회기에서 다룬 내용에 맞춰 숙제를 할당하고, 치료 회기에 대한 반응을 내담자에게 물어본다. 그날 회기를 통해서 새롭게 얻게 된 것, 회기 진행에 대한 건의, 치료자에 대한 느낌이나 바람 등을 직접 물어서 확인한다.

④ 인지적 모형에 대해 사회화하기

사회화란 내담자에게 인지적 모형의 이론과 틀을 쉽게 설명해서 친숙하게 만드는 과정이다. 약물 관련 신념, 자동적 사고, 갈망감, 촉진적 신념 등을 소개하고, 내담자가 이 설명을 듣고 자신에 잘 맞는다고 납득하고 이것에 의지해 뭔가를 해 볼 수 있겠다는 경험을 하게 하면 된다. 이를 위해서 약물 사용의 인지적 모형의 각 칸을 비워 놓은 종이를 놓고, 이를 자신의 상황에 비춰서 적용해 보도록 한다. 이 과정을 치료자와 내담자가 상의하며 하나씩 해 나가며, 시간 제한 때문에 남겨진 부분은 숙제로 돌릴 수도 있다. 이 작업을 쉽게 하기 위해서는 치료자가 내담자의 문제에 대한 인지적 사례 개념화를 미리 완성해서 머리에 넣고 있어야 한다.

⑤ 인지 행동적 방법

인지 행동적 기법은 주된 목적이 약물 관련 신념의 토대를 침식시키고 이를 통제 신념(control belief)으로 대체하는 것이다. 약물중독자는 양가감정을 느끼기 때문에 자신의 내부에 통제 신념을 이미 가지고 있는데, 이를 일깨워서 증폭시키는 작업을 하면 된다.

- '흡연과 음주는 나를 죽이고 있어.'
- '난 약을 끊을 필요가 있어.'
- '즐거움을 위해 약이 필요치 않아.'

a. 통제 신념 찾아내기

주된 방법은 발견 안내하기 기법이다. 즉, 내담자 스스로 약물 관련 신념과 이에 대한 통제 신념을 언어화하도록 기다리고 돕는다. 작업지를 이용하는 것이 도움이 된다.

b. 유리-불리 분석

이는 앞서 소개한 비용/혜택 분석과 동일한 것이다. 부정적 결과를 인식하게 함으로써 내담자를 단약/단주로 움직이게 하는 치료 효과를 거둘 수 있다. 뿐만 아니라 약물사용이 유리한 점을 살핌으로써 중독행동의 지속적 호소력을 이해할 수 있는 기회가 된다. 이렇게 약물사용의 장점을 파악하면, 같은 장점을 갖고 있는 대안적 전략을 개발하는 것으로 이어질 수 있다.

c. 세 가지 질문 기법

약물 관련 신념에 도전하고 변화를 꾀하는 방법으로 다음과 같은 세 가지 질문을 사용할 수 있다. 첫째, 그렇게 믿는 증거는? 둘째, 그 상황을 다르게 받아들인다면? 셋째, 다른 방식으로 생각하는 것이 맞다면, 그 의미는(어떤 결론)? 등이다.

예컨대, 마리화나중독인 사람의 신념인 '난 한 대 땡기지 않으면 긴장이 안 풀려.'에 대해 세 가지 질문을 적용해 보면 다음과 같다.

첫째, 증거는? 나는 조인트를 피우지 않으면 밤에 편안하지 않고 한기가 가시지 않는다. 편안하게 이완하기 위해서는 피워야만 한다. 그렇지 않으면 왜 그리 피우겠는가?

둘째, 달리 받아들인다면? 글쎄 피우지 않고 지내 보려고 열심히 노력해 본 적이 없는 것 같다. 그냥 습관인 것 같기도 하다. 피울 수 없는 상황이어서 그냥 잔 적도 몇 번 있었는데,

괜찮았던 것 같다.

셋째, 무슨 의미(어떤 결론)? 그냥 습관이며 안 피우고 지냈
던 적이 있다면, 그러면…… 내게 정말로 필요하지 않을 수도
있다. 나는 피우지 않고도 이완할 수 있는데, 다만 자주 시도
해 보지 않은 것 같다.

d. 일일 생각 기록지

종이 위에 다음의 칸으로 이뤄지는 표를 만든다. 상황-자
동적 사고-정서-합리적 반응의 칸이다. 이 표를 가지고 하루
단위로 발생하는 상황을 적고, 이때 스치는 자동적 생각과 감
정을 모니터한다. 그리고 치료적 작업으로서 부정적인 자동
사고나 불편한 감정을 대체할 수 있는 합리적 반응을 고안해서
적는다.

이는 약 없이 정서를 조절하는 방법을 가르쳐 준다. 합리적
반응의 작업하는 방법으로는 자동적 사고를 지지하는 구체적
인 증거와 이에 반하는 구체적인 증거를 함께 고려하고, 그
상황을 달리 볼 수 있는 방법이 없는지를 생각하도록 한다.
이 상황 속에 숨겨진 축복이 없는지를 생각한다. 이를 위해서
는 다음과 같은 자문자답이 도움을 준다.

- 여기서 생길 수 있는 최악의 상황은? 반대로 최상의 상황
  은? 그러면 가장 있을 법한 상황은 무엇인가?
- 이 상황을 다루기 위한 건설적인 조치는 무엇인가?

- 이 상황에 대한 시각을 바꾸는 것의 장점과 단점은 무엇인가?
- 가장 친한 친구가 이 상황에 있다면 어떤 충고를 주었을까?

(10) 종합-정리

이상의 인지행동치료 내용을 정리하면서 황성훈(최은영, 2006)은 인지행동치료를 통해 약물중독 상담에 대하여 다음과 같이 중요한 점을 나열했다.

- 향정신성 약물, 중독행동, 전통적인 치료에 대해 더 많이 알 필요가 있다. 약물과 관련된 문화와 약에 대해 유혹적인 사회문화적 맥락에 대해서도 알 필요가 있다.
- 다른 치료진과 의사소통하고 협력할 필요가 있다. 입원, 외래, 자조집단 등 치료 자원이 많은데, 인지치료자는 이를 존중하고 활용해야 한다.
- 약물이 정서 조절에 중요한 역할을 한다. 따라서 정서를 조절할 수 있는 대안적인 인지 전략을 제공하는 게 중요하다.
- 함께 존재하는 정신 병리를 개념화하고 치료할 필요가 있다.
- 내담자가 약을 쓰게 된 발달적 사연을 탐색하는 것이 중요하다.
- 치료 관계의 문제를 잘 다루는 게 중요하다. 내담자의 약

물 관련 신념이 치료자의 불편감을 건드리고, 이는 다시 내담자에 대한 불신으로 돌아가기 쉽다. 그래서 치료자는 자신의 감정과 관련된 생각을 살필 필요가 있다.

• 내담자를 적절하고 효과적으로 직면시키는 것이 중요하다. 직면은 예술이다. 역기능적 대처 전략을 파악해서 이를 내담자에게 드러내 보여 준다.

• 상담 회기에서 초점을 유지해야 한다. 중독된 사람들은 혼란된 방식으로 살고 있기 때문에 회기의 초점을 잃기 쉽다.

• 인지치료 기법을 적절히 아껴 쓸 필요가 있다. 복잡한 문제를 간단하게 풀어 줄 수 있는 '은 실탄'이 있는 것은 아니다. 변화 전략을 사용하기 전에 사례 개념화를 해야 한다.

• 약을 하는 사람을 포기해서는 안 된다. 치료자는 흔히 약 하는 사람들이 가지고 있는 문제의 깊이와 폭에 압도되곤 한다. 그러나 긍정적 놀람(positive surprise)을 기대해도 좋다. 그들은 일반적으로 자신의 중독을 극복하려는 강한 의지를 깊은 곳에 지니고 있다.

3) 재발 다루기

앞서 밝힌 것처럼 재발은 중독의 일반적 증상 중 하나다. 열감기에 걸리면 열이 나듯이, 중독이라는 병에 걸리면 재발이 따른다. 그렇다면 약물중독 상담자는 내담자의 재발을 어떻게 이해하고 다루어야 할까?

(1) 회복과 실수

회복은 약을 끊고 그 상태를 유지해 나가는 과정 및 개인내
적/개인 간의 변화를 만들어 가는 과정을 말한다. 초기는 전
문가나 주위 사람 등 외부의 지지와 도움에 의존하나, 치료가
진행되면서 취하지 않은 인생에 대한 도전의 여정을 자기 자
신에 의지하여 진행하게 된다. 실수(lapse)는 회복 도상에서
알코올이나 약물을 처음으로 쓰게 되는 사건을 말한다. 초기
실수의 여파는 정서적, 인지적 반응으로 매개된다. 어떤 사람
은 치료하기 전의 수준으로 돌아가는가 하면, 어떤 사람은 그
렇지 않고 사용량에 호전을 보인다.

(2) 재발

재발(relapse)은 일단 일어난 행동 변화를 장기간에 걸쳐 유
지하지 못하는 것을 말한다. 재발은 약을 다시 쓰게 되는 하
나의 사건을 가리킬 뿐만 아니라, 경고 신호가 먼저 나타나고
이어서 실제 약물의 재사용이 일어나는 과정도 포함한다. 재
발과 관련된 연구들에 따르면, 500개의 알코올중독자 연구를
상위분석한 결과, 4분의 3이 1년 안에 재발한다. 아편중독의
재발률은 25~75%이며, 금연의 경우 75~80%다. 알코올중독,
헤로인중독, 금연자의 65~70%가 재발하며, 첫 90일 동안이
가장 많았다. 한편, 405명의 아편중독자에 대한 12년간의 연

구에서 65%가 여전히 아편을 쓰고 있었다. 그러나 이 자료를 일반화할 수는 없다. 단약/단주를 단일 준거로 한 연구라는 점을 고려해야 한다. 설사 재발한다고 해도 사용량이 치료 전 수준으로 되돌아가는 것은 아니다. 또한 재발한다 해도 삶의 다른 기능은 호전될 수도 있다. 총체적인 단약/단주를 이룬 경우는 25~30%에 불과하다. 그러나 이보다 높은 수치인 30~40%는 한두 번 재발을 경험하더라도 약물사용량이 줄어들고 다른 심리사회적 기능에서 회복을 보인다. 따라서 기준을 바꾸면 치료를 받고 있는 대부분의 약물남용 내담자들은 긍정적 혜택이 있는 셈이다.

(3) 재발의 촉발 요인들

재발의 촉발 요인을 다룬 연구에서는 재발에 영향을 주는 요인을 개인 내 결정인과 대인간 결정인으로 나누었다. 그 목록을 보면 다음과 같다. 먼저, 개인 내 결정인으로는 a) 부정적인 정서 상태, b) 부정적인 신체 상태, c) 긍정적인 정서 상태, d) 개인적 통제력에 대한 시험, e) 갈망과 유혹 등이 있다. 한편, 대인간 결정인으로는 a) 관계 갈등, b) 사회적 압력, c) 어떤 유형의 상호작용과 관련된 긍정적 정서 상태 등이 연구되었다. 한편, 아편중독의 재발 결정인으로는 a) 약물사용으로 생긴 손상의 정도, b) 정신과적 손상, c) 치료의 방식과 지속 기간, d) 범죄 연루 여부, e) 가족이나 동료의 지지가 없는 것, f) 부정적 정서 상태, g) 기술의 결핍 등이 밝혀졌다. 또한 한 연구에서 밝혀진 재발의 결정인으로 8개의 범주가 제시되었다. 정동적 변인(긍정적이거나 부정적인 정서 상태), 행동적인 변인(대처 기술 부족, 사회적 기술 부족, 충동성), 인지적인 변인(회복에 대한 태도, 고위험 상황을 대처할 수 있는 능력에 대한 자기 지각, 인지적 기능의 수준), 환경적, 대인관계적 변인(사회적으로 가족 내에서 안정성이 부족한 것, 사회적 압력, 생산적인 일이나 학업 역할이 없는 것), 생리적인 변인(갈망감, 금단 증상이 긴 것, 만성적인 질병과 통증), 정신과적 변인(동존하는 정신과 질환), 영적인 변인(지나친 죄책감과 수치심, 공허감, 인생이 무의미하다는 느낌), 치료 관련 변인(돌보는 사람에 대한 부정적인 태도, 재활이 끝난 다음에 부적절하게 길게 사후 치료를 하는 것) 등이다.

(4) 재발 방지의 전략

외국의 재발 방지를 위한 프로그램으로는 다음과 같은 것들을 들 수 있다. 관심 있는 사람들은 참고하기 바란다.

- Marlatt and Gordon's cognitive-behavioral approach
- Annis cognitive-behavioral approach
- Delay's psychoeducational approach
- Gorski's neurologic impairment model
- Zackon, McAuliffe, & Chien's addict aftercare model

이들의 공통분모는 고위험 상황이나 경고 신호를 다루는 새로운 대처 기술에 초점을 맞추고, 약이나 알코올의 필요성이 감소하도록 생활양식을 바꾸며, 건강한 활동을 증진시킨다는 것이다. 또한 실수의 여파를 최소화해서 재발이 심해지지 않도록 대비한다는 점을 들 수 있다. 구체적인 재발 방지 전략을 요약하면 다음과 같다.

① 고위험 상황을 파악하고 이를 다룰 수 있는 전략을 개발하도록 돕는다.

- 고위험 상황을 식별하는 데 도움을 주는 설문지나 작업지
  - a) 음주 상황 목록(Inventory of drinking situations)
  - b) 약물사용 상황 목록(Inventory of drug-taking situations)
  - c) 고위험 상황 명명하기(Identifying high risk situations)
  - d) 약물남용 문제 체크리스트(Substance abuse problem checklist)
  - e) 위험 상황 워크시트(Your dangerous situations worksheet)
  - f) 코카인을 끊고 멀리하기(Quitting cocaine and staying off cocaine)

고위험 상황에서 사용할 수 있는 기술로는 행동 시연, 암묵적 본뜨기, 자기주장훈련, 대처 이미지 갖기(coping imagery), 재발이나 실수에 대한 반응의 틀을 바꾸기, 명상, 운동, 이완 훈련 등이 있다.

② 재발을 하나의 과정이나 사건으로 이해하도록 돕는다.

재발은 맥락 안에서 일어난다. 보통 단서나 경고 신호가 선행하는데, 보편적인 재발 경고 신호를 알면 재발 방지에 도움이 된다. 경고 신호는 태도의 변화, 생각의 변화, 정서의 변화, 행동의 변화를 포함하는데, 재발을 범한 사람의 경험을 잘 검토하면, 이런 연결고리에 대해 배울 수 있다.

③ 실제적인 갈망감뿐만 아니라 약물 단서를 이해하고 다루도록 돕는다.

약물 단서는 갈망감을 불러일으킨다. 이 단서에 대처하는 방법 중 하나는 회피하는 것이다. 즉, 약물사용과 관련된 사람, 장소, 물건을 피하며, 약물사용에 필요한 도구들을 치운다. 다른 방법은 단서에 노출시키는 치료(cue exposure treatment)다. 이는 단서에 대한 반응의 강도를 떨어뜨리고 갈망감에 대처할 수 있다는 자신감을 심어 준다. 그 밖에 단서에 대한 대처 기술로는 갈망감을 일으키는 생각 바꾸기, 즐거운 기억을 떠올려 도전하기, 약물사용의 부정적 결과를 인식하기, 갈망감을 느끼는 동안 자신과 대화하기, 약물을 쓰겠다는 결정을 연기하기 등이 있다.

④ 약물을 사용하도록 만드는 사회적 압력을 이해하고 다루도록 돕는다.

고위험 관계가 어떤 것인지를 파악하고, 이것이 내담자의 생각, 감정, 행동에 미치는 영향을 평가한다. 그 다음 대처 전략을 세우고 연습한다. 대처 전략의 효과를 평가하고 필요하다면 수정, 보완한다.

⑤ 지지적인 재발 방지 네트워크를 개발하도록 돕는다.

많은 연구에서 가족 지지나 사회적 지지의 존재는 단약과 정적 상관을 보인다. 그러므로 고립된 상태로 회복하려고 노력해서는 안 되고, 특히 회복의 초기 단계에서는 더 그렇다. 스폰서, 동료 등이 네트워크의 한 부분으로 작용해야 한다. 그 절차로는 먼저 지지 네트워크에 누구를 포함시키고 누구를 배제할지 결정하며, 언제, 어떻게 지지나 도움을 요청할지 결정한다. 이때 행동시연이 도움이 된다. 이들은 대부분 죄책감과 수치심을 느끼며 자신이 과연 도움을 받을 가치가 있는지에 대해 의구심을 가지고 있다. 또 어떤 사람은 지나친 자부심을 가지고 있어서 다른 사람의 도움을 받아들이기 어려워한다. 이런 상황에서 행동시연은 회복에 대한 양가감정을 명료화해 준다.

⑥ 부정적인 정서 상태에 대처하는 방법을 개발하도록 돕는다.

우울과 불안이 약물사용의 주된 이유이며, 재발에는 분노, 불안, 지루함 같은 부정적 원인이 작용한다. 단주자 모임이나 단약자 모임에서 말하는 HALT(Don't give too Hungry, Angry, Lonely, or Tired)도 이러한 점을 고려한 것이다.

⑦ 인지적 왜곡에 대처하는 방법을 배우도록 돕는다.

인지적 왜곡이란 12단계 프로그램에서 말하는 쓸모없는 생각에 해당된다. 내담자들에게 생각의 오류(thinking error)를 가르치고 이것이 재발에 어떤 영향을 주는지 살피는 것이 도움이 된다. 그 종류로는 흑백논리, 과잉일반화, 끔찍하게 만들기(awfulizing), 선택적 추상화, 재앙화 등이 있다.

⑧ 균형잡힌 생활양식을 향해 나가도록 돕는다.

약물에 빠지는 것을 대체하는 긍정적 습관의 개발이 필요하다. 예컨대, 모험에 대한 욕구가 많은 경우는 자동차 경주, 스카이다이빙 같은 것을 추천할 만하다.

⑨ 실수나 재발의 영향을 끊을 수 있도록 돕는다.

다들 한두 번씩은 실수를 하거나 재발하기 마련이다. 실수나 재발을 분석하는 것은 회복이 지속되게 하는 가치 있는 과정이다. 실패를 학습의 기회로 받아들이고 미래의 고위험 상황에 대비할 수 있도록 해 준다. 그런데 응급 계획을 미리 세워 놓으면, 한번의 실수가 심한 재발로 가지 않게 만들 수 있다. 예컨대, 실수를 했을 때 쓸 수 있는 인지적, 행동적 대처 기술을 적은 응급 카드를 사용할 수 있다. 이 밖에도 내담자와 함께 재발과 관련된 사고를 종이에 적어 보고, 잘못된 점을 찾고, 새로운 사고를 만드는 작업을 할 수 있다. 재발 관련 사고로는 다음과 같은 것을 들 수 있다.

- '재발이 나에게 일어날 수는 없지.'
- '나는 술이나 약을 절대로 다시 사용하지 않을 거야.'
- '나는 술이나 약을 사용하는 것을 통제할 수 있어.'
- '술 몇 잔이나 약을 조금 한다고 해서 해가 생기지는 않을 거야.'
- '회복이 그렇게 빨리 올까?'
- '즐겁기 위해서 술이나 약이 필요해.'
- '내 문제는 치료되었어.'

3. 집단상담

일반적으로 약물중독자들의 집단상담은 병원이나 그들이 함께 거주하는 시설 내에서 이루어질 가능성이 높다. 왜냐하면 '중독'이라는 문제의 특성상 중독자들이 자신의 문제에 대해 병원이나 시설을 통해 인식하고 통찰하지 못한 상태에서 자발적으로 외부에서 상담자가 진행하는 집단상담에 참여할 확률이 매우 낮기 때문이다. 또한 아직도 회복 중에 있는 중독자라고 하면, 집단상담 초기에 집단원을 선별하는 과정에서 제외되기 쉽기 때문이다. 다음은 약물중독자 집단상담의 과정 및 기법을 정리한 것이다.

1) 상담과정

집단상담은 구조화된 상담이든 비구조화된 상담이든 일정

한 단계를 거쳐 진행된다. 이 절에서는 이장호와 김정희(1992)
가 집단상담의 과정으로 제시한 a) 참여단계, b) 과도적 단계,
c) 작업단계, d) 종결단계에 따라 약물남용 위험 청소년의 집
단상담에 필요한 실제적 유의사항들을 살펴보고자 한다.

(1) 참여단계

이 시기는 집단의 초기 단계로서 집단상담의 성패를 좌우
할 수 있는 중요한 시기다. 특히, 첫 번째 모임은 다른 어떤
모임보다도 중요하다. 첫 시간에 이루어져야 할 일을 정리해
보면 다음과 같다.

첫째, 집단구성원들로부터 신뢰를 얻을 수 있도록 상담자
자신의 집단에 대한 희망과 목표를 집단에게 분명히 알린다.
약물중독자 집단상담의 목표는 말할 것도 없이 약물사용을
중지하는 것이다. 그리고 이것을 모르고 집단에 참여하는 내
담자들은 없을 것이다. 그러므로 집단상담자는 집단상담을
통하여 어떻게 약물사용을 중지할 수 있게 되는지에 관한 과
정을 구체적으로 설명해 주어 내담자들이 집단상담에 참여
하는 것 자체에 대한 관심과 동기를 가지도록 하는 것이 중
요하다.

둘째, 집단구성원들의 소개가 이루어진다. 약물중독자들이
기본적으로 첫 모임에서 소개할 수 있는 내용으로는 다음과
같은 것이 있다.

- 이름: 만일 서로의 신변보장을 위해 비밀유지가 필요한 경우는 각자 자기가 불리고 싶은 별명을 말하게 하는 것도 좋다.
- 자신이 사용하는 약물의 종류
- 약물을 처음 사용한 시기
- 약물을 처음 사용하게 된 상황(친구들과 어울려 혹은 혼자서 등)
- 약물사용을 지속하고 있는 기간과 유형(간혹 한 번씩 기분 나쁠 때마다, 혹은 거의 매주 등)
- 약물사용 직전과 직후의 상태-신체적/감정적/인지적 영역
- 약물을 통하여 얻고 싶었던 점
- 약물사용을 중지하고 싶은 바람의 정도
- 집단상담을 통하여 어떻게 자신의 약물문제를 다룰 수 있을지에 대한 기대

셋째, 마지막 15분 정도는 종결을 위한 시간으로 남겨 놓아 상담자가 진행된 상담과정을 검토할 기회를 갖고, 구성원들이 첫 시간에 느낀 점에 대하여 물어보는 것이 필요하다. 약물사용자에게 약물은 자신의 욕구를 가장 빠르고 쉽게 채워 줄 수 있는 고마운 것이므로 이 약물과의 작별을 고하기 위한 모임을 갖는 것 자체가 이들에게는 큰 위협이 될 수 있으며, 이를 위한 첫 모임은 그러한 의미에서 이들에게 복잡한 감정

을 경험하게 할 수 있다. 따라서 이에 대해 충분히 표현할 수 있도록 집단구성원들을 격려하고, 여기에서 이야기 나눈 내용을 앞으로 집단상담의 자료로 활용할 수 있도록 한다.

넷째, 이 집단이 어떤 기준을 만족시키면 종결될 것인가에 대한 계획을 집단구성원 모두가 참여하여 작성한다. 이는 집단에 대한 동기를 높이고, 상담의 방향을 알려 주며, 집단상담자에게는 마지막 종결단계에서 집단의 종결 여부를 판단하는 유용한 기준이 된다.

(2) 과도적 단계

이 시기는 뒤에서 설명할 작업 단계와 엄격히 구분되지 않으며 집단이 생산적인 작업단계로 넘어가는 '과도적 과정'이라고 볼 수 있는 시기다. 이 단계의 특징은 집단구성원 각자가 자신의 위치를 확보하고자 애쓰며, 집단상담자와 구성원들 사이와 집단구성원 상호 간에 갈등이 생기고, 상담자에 대한 저항이 늘어난다. 따라서 상담자는 이 시기에 일어나는 망설임이나 저항, 방어 등을 지각하고 정리하도록 도와주는 것이 필요하다. 이 단계의 성공 여부는 주로 상담자가 집단원들에게 얼마나 공감적이고 신뢰하는 태도를 보이며 상담자로서의 상담 능력을 발휘하느냐에 달려 있다. 약물남용 위험 내담자들의 집단에서 상담자가 이 시기에 주의를 기울여야 할 점에는 다음과 같은 것이 있다.

첫째, 집단구성원 중 가족관계나 친구관계 등의 문제(경쟁,

소외 등)로 약물을 사용하기 시작한 내담자가 있다면 이 내담자는 집단 안에서도 역시 같은 갈등을 반복할 가능성이 매우 높다. 따라서 이러한 유형의 내담자들이 집단에서 보일 수 있는 저항을 충분히 표현할 수 있게 집단이 허용하는 동시에, 이러한 자신의 갈등을 해결할 수 있는 건설적 대안들을 찾아서 시도해 볼 수 있게끔 모두가 도울 수 있도록 집단을 이끈다.

둘째, 약물남용 위험 내담자가 과도적 단계를 제대로 넘기기 어려운 또 하나의 이유는, 이들이 집단상담에 참여하지만 약물을 여전히 사용하고 있는 경우 죄책감이나 열등의식을 느끼게 되고 더 깊은 집단상담의 과정으로 나아가는 것을 방해받기 때문이다. 따라서 집단상담자는 간혹 반복되는 약물사용 경험 자체를 생산적으로 내담자들이 재해석할 수 있도록 도와주어 이들의 죄책감을 감소시킬 뿐만 아니라 오히려 약물사용 경험을 솔직하게 드러내어 다음의 작업단계로 들어갈 수 있도록 도와주는 것이 필요하다.

(3) 작업단계

이 시기는 집단상담의 가장 핵심적 부분으로, 구성원들은 집단을 신뢰하고 자기를 솔직하게 공개할 뿐 아니라 자신의 구체적인 문제를 집단에 가져와 활발한 논의를 벌이며 바람직한 관점과 행동방안을 모색한다. 집단구성원들이 약물사용을 중지하기 위해 집단을 어떻게 활용하며 다른 약물사용 내담자들을 돕기 위해 자신의 생각과 기술을 어떻게 활용할 것인가에 대해 분명히 알았다면 이 작업단계에 들어섰다고 볼 수 있다.

이 단계에서는 집단원들이 높은 사기와 분명한 소속감을 갖는 것이 특징이다. 집단 모임에 빠지지 않으려 하고 집단에 대한 자부심이 점차 커지며 집단이 결속되어 간다. 이 시기에 집단상담자가 약물중독자 집단을 이끄는 데 유의할 점으로는 다음과 같은 것이 있다.

첫째, 이 단계에 이른 약물중독 내담자는 자신이 여전히 약물을 사용하고 있다는 약물사용 경험을 이야기하는 것이 집단의 자부심이나 결속에 해를 끼칠 것을 우려하여 집단에 깊이 참여하거나 집단에서 솔직한 자기표현을 하는 것을 꺼리는 경우를 볼 수 있다. 그러므로 집단상담자는 약물사용을 중지하고 있는 다른 집단원들이 우월의식을 가지고 중지하지 못한 집단원들을 도와주는 것이 아니라, 진정한 애정과 관심을 가지고 도와줄 수 있도록 인내력 있게 분위기를 형성하는 것이 중요하다. 약물을 계속하여 사용하는 집단원의 경우는 자신의 경험을 솔직히 공개함으로써 비슷한 처지의 집단원들을 더 잘 도와줄 수 있을 뿐만 아니라, 자신도 이런 과정을 통하여 자신이 약물을 사용된 이유 등에 대한 통찰을 얻을 수 있고 약물사용을 중지하는 행동단계로 들어갈 수 있음을 깨닫고 경험할 수 있도록 계속하여 격려한다.

둘째, 약물을 사용하는 이유에 대한 통찰만으로는 약물사용을 중지하기가 어려우므로 이 단계에서 집단상담자는 집단구성원들과 더불어 구체적으로 약물사용에 대한 건설적 대안을 찾도록 노력하여야 한다. 예를 들어보겠다.

> ㉠ 1. "그렇게 할 일이 없고 심심한데 딱히 할 일도 없고…… 그러다 보니 시간도 잘 가고 네 세계를 방해받지 않는 가스 부는 시간이 좋았단 말이지요? 그러면 이제부터 심심할 때는 뭘 할 수 있을까요?"
> ㉠ 2. "아침에는 이걸 하고 저녁에는 저걸 하고 그런 식으로 뭉뚱그려 이야기하지 말고, 다음 시간에는 아침에 일어나서부터 저녁에 잘 때까지 시간표를 한번 짜서 여기 있는 사람 수만큼 복사해 오지 않겠어요?"

(4) 종결단계

집단상담의 종결단계는, 다른 의미로는 하나의 새로운 '출발'이다. 즉, 약물이 없는 세상에서 다시 삶을 시작하는 것이다. 이 단계에서 집단상담자와 구성원들은 집단에서 배운 것을 미래의 약물이 없는 생활 장면에 어떻게 적용할 것인가에 대하여 생각해 보아야 한다. 이 단계에서 집단상담자는 다음과 같은 것에 관심을 기울여야 한다.

첫째, 각 집단구성원들의 첫 회 상담 기록을 보고 현재의 상태가 종결에 적합한지 여부를 결정한다.

둘째, 집단상담과정 중 계속하여 약물을 사용하지 않고 있는 집단원에 대해서 성공적으로 집단을 종결했다고 판단하고 한 달이나 두 달 정도 후에 추수면접을 거쳐 계속 약물을 사용하지 않는지를 확인한다.

셋째, 집단상담 과정 중 약물을 사용하는 횟수나 정도는 줄 어들었지만 여전히 약물을 사용하고 있는 내담자의 경우는 개별상담이나 다른 치료 프로그램이 필요함을 알리고 자발적 으로 이에 참여하도록 도와준다.

넷째, 집단상담 과정 중 전혀 약물사용에 진전을 보이지 않 은 내담자의 경우는 집단상담 과정의 기록을 통하여 이 내담 자가 가진 뿌리 깊은 문제가 무엇인지를 살펴보아 적당한 전 문상담기관에 의뢰하도록 한다. 만일 집단상담 과정에서 약 물중독이 의심되면 중독을 전문적으로 다루는 신경정신과 병 원이나 의원을 찾도록 도와준다.

참고로 브레터(1974)가 집단상담을 접목시키면서 현실치료 와 직면치료를 제시한 다음과 같은 다섯 단계의 집단상담 과 정을 설명하겠다.

- **첫째 단계:** 드러난 자기파괴적인 행동(약물, 폭력 등)을 제 거한다.
- **둘째 단계:** 고통, 두려움, 분노 등과 같은 현재의 감정을 표현하도록 격려한다.
- **셋째 단계:** 현재의 감정을 책임감 있고 생산적인 행동으 로 조절하도록 한다.
- **넷째 단계:** 책임감 있는 관점을 가지고 문제에 직면하는 것을 개발하도록 한다.

• **다섯째 단계**: 미술, 음악 등과 같이 독립적이고 창조적이
며 자신의 존중감을 높일 수 있는 사고와 행동을 하도록
지지한다. 이 집단상담 과정을 진행시킬 때, 전에 약물중
독이었다가 회복된 선배들이 집단에서 집단구성원들에
게 자신감을 심어 주며 올바른 모델을 제시해 줌으로써
유용한 역할을 담당할 수 있다.

2) 상담기법

(1) 집단상담자의 역할과 스타일

약물사용 집단상담은 전통적인 집단치료 역할과는 차이가
있다. 특히, 초기 단계에서는 더욱 그러한데, 약물상담의 집
단상담자는 약물사용과 관련된 구체적인 지금-여기의 이슈
에 대해 초점을 맞추도록 적극적으로 개입한다. 약물과 관련
된 주제를 다루는 것이 제1순위의 일이다.

(2) 직면 다루기

보통 직면은 자신의 역기능적인 태도와 행동을 제대로 보
게 하는 데 효과적이다. 그러나 거칠거나 지나치게 세거나 시
기를 못 맞춘 직면은 치료적이지 않으며 상처를 준다. 일반적
으로 직면의 효과는 내용에 있기보다는 그 형식에 있다. 회원
들은 밉살스러운 동료들에게 거친 직면을 감행하는 경향이
있다. 그 배경에는 저항적인 회원을 현실에 마주하게 하기 위

해 창피 주고 공격하는 것을 받아들일 수 있다는 생각이 있고, 자신의 공격을 정직이라는 이름으로 합리화하기 때문이다. 이에 대해서 치료자 자신도 양가감정을 느낀다. 왜냐하면 공격받는 회원은 대부분 원만치 않고 까다로운 사람들이기 때문이다. 회원들은 동료들의 부정적인 태도를 못 참는다. 특히, 그것이 자신의 흔적일 때 더욱 그러하다. 여기에는 그림자 투사의 역동이 작용하는 듯하다. 즉, 타인보다 자신의 그림자를 더욱 미워한다. 그러나 집단상담자는 인기 없고, 좌절을 주며, 저항적인 회원이 희생양이 되는 것을 막아야 한다. 특정 사람을 집단으로부터 밀어내는 도구로 이런 동료 간 직면을 사용하지 말아야 한다.

직면의 목적은 저항이나 파괴적인 행동 표출 없이 내담자로 하여금 변화를 받아들이게 하는 것이다. 직면은 내가 보는 대로 누군가에게 그 사람의 행동에 대한 현실적인 피드백을 주는 것이다. 마치 거울을 치켜들어 자신이 다른 사람에게 어떻게 보이는지를 한번 보게 하는 것이지, 인격 암살은 아니다. 따라서 효과적인 직면의 지침을 다음과 같이 정리할 수 있다.

- 공감과 염려의 태도 그리고 존중하는 목소리로 살피면서 한다.
- 행동의 예를 들면서 내가 관찰한 것을 기술한다. 추측, 설명, 해석, 충고, 비판은 배제한다.

• 그 사람의 위험하고 자기 패배적인 행동에 대한 나의 염
려를 전달한다. 가능하다면 내 자신의 경험에서 유사한
자기 패배적 행동을 예시할 수도 있다.

(3) 문제 회원 다루기

문제 회원의 유형은 여러 가지다. 만성적으로 저항적이고
냉소적이고 논쟁하려 드는 회원이 있는가 하면, 집단상담 과
정을 독점하는 회원이 있고, 반면에 조용하게 앉아 있는 사람
도 있다. 심한 경우는 술에 취하거나 약을 먹고 나타나는 경
우도 있다. 또한 하위집단을 만들어 분열을 조장하는 사람도
있다. 그런 사람은 집단상담 장면에서는 협조를 가장하나, 장
면의 뒤편에서는 응집력을 갉아먹는다. 회원들은 대부분 판
을 깨는 사람이 되고 싶어 하지 않기 때문에 집단상담자가 그
의 존재를 가장 늦게 알게 된다. 발견되면, 그를 집단으로부
터 배제해야 한다.

(4) 집단 밖 만남의 장려

보통 심리치료 집단에서는 바깥에서의 만남을 치료적 환경
의 오염으로 받아들여 삼간다. 그러나 약물중독 외래 집단에
서는 적극 추천한다. 그렇게 하는 목적은 약에 대한 갈망이나
충동을 교란할 수 있는 지지 네트워크를 형성하기 위해서다.
집단 시작 때부터 회원 전화번호부를 만들어 돌리고, 함께 사
회적 활동을 하고 자조집단에도 같이 참여하도록 추천한다.

특히, 신입회원에게는 첫 2주 동안 기존 회원 중 정해진 한 명(스폰서)에게 매일 전화하도록 한다.

(5) 초기 저항 다루기

회복 초기의 저항이 오는 원천은 자신의 정체가 중독자라는 것(즉, 통제된 사용이 더 이상 가능하지 않다는 점)을 인정하지 못하고, 혼자의 노력과 의지력만으로 재발을 막을 수 없다는 것을 받아들이지 못하는 것이다. 이때 집단상담자는 저항에 대한 이야기를 하느라 다른 중요한 이슈를 놓치지 않도록 초점을 관리해야 한다. 주의사항은 저항에 대해 거친 태도는 도움이 되지 않는다는 것이다. 내담자의 부정을 깨뜨리고 순응하게 만들기 위해 엄한 직면, 지배, 통제를 사용하는 것은 바람직하지 않다. 지나치게 거친 태도를 취하면 내담자들은 약에 대한 환상을 내놓기를 꺼리고, 말하기보다는 행동하는 경향이 커질 수도 있다. 이럴 때 치료자는 자신의 통제 환상을 인식하고 그 밖의 다른 부정적인 역전이를 염두에 두어야 한다.

저항을 다루는 데 도움이 되는 태도는 돌발 사건으로 받아들이기보다는 거쳐야 하는 하나의 과정으로 생각하는 것이다. 과정이므로 시간, 인내, 지속적인 헌신, 일시적으로 뒤로 물러섬 등을 참아 내려는 의지가 필요하다. 저항하고 양가감정을 가질 기회를 허용하는 것이 결국은 책임을 맡으려는 의지를 키워 준다. 내담자들이 자기가 문제가 있다는 것을 받아들이지 않는 것은 난치성 부정의 표시가 아니라 변화의 초기 단계에 있으며, 다음 단계로 진전하려면 많은 시간과 예의 바른 초대가 필요하다는 의미로 받아들이는 것이 바람직하다.

(6) 실수에 대한 반응

실수에 대한 기본적인 태도는 비극적 실수나 고의적인 비순응이 아니라, 단순한 실수이거나 동기가 떨어진다는 신호로 다루는 것이 좋다. 소중한 배움의 경험으로 연결되도록 한다. 역시 거친 태도는 도움이 되지 않는다. 예컨대, 외래치료를 시작하면서 첫 몇 주 내로 단약/단주를 하지 못한 내담자들을 떠나게 하는 것은 부적절하다. 중도 탈락의 대부분은 첫 60일 이내에 일어난다. 그러므로 초반부에 실수나 재발을 한 사람들을 잘 감싸 안아야 어려운 출발시기를 지낼 수 있고 성공적인 성과의 확률을 높일 수 있다. 내담자가 규칙에 따라 실수를 보고하면 이 문제를 최우선으로 다룬다. 이때 집단상담자의 태도는 명확하고 일관성이 있지만 비처벌적인 모범을 보여야 한다. 상담자의 역할은 한 회원의 실수를 잘 이용해서 다른 사람들이 뭔가 유용한 것을 배울 수 있도록 하는 것이다. 실수를 진전하기 위해 지렛대로 사용한다. 그 지침은 다음과 같다.

• 그 회원은 실수로 이어지게 된 감정, 사고, 환경을 자세하게 설명한다.

- 다른 회원은 비판단적 태도로 초기 경고 신호, 자기태업 (self-sabotage), 그 밖의 선행요인 등에 관해 자세히 질문한다.
- 집단상담자는 재발의 사슬을 요약, 재진술한다.
- 회원들은 제안이나 피드백을 서로 나눈다. 실수에 대한 감정을 공유한다. 이때 집단상담자는 약을 쓴 회원을 희생양으로 삼으려는 경향을 조심한다.
- 앞으로 약을 사용하지 않기 위한 전략과 행동변화의 목록을 개발한다.
- 실수했던 회원에게 실수의 결과로 무엇을 배웠는지 물어보고, 앞으로 결의를 확인한다.

참고로 재발의 사슬은 다음과 같이 요약된다.

- 긍정/부정적 생활사건 때문에 스트레스가 쌓인다.
- 그 스트레스는 지나치게 부정/긍정적인 사고, 기분, 감정을 활성화시킨다.
- 이를 견뎌 내지 못해서 혼란, 당황, 우울, 짜증, 해리, 경조증적 들뜸이 생긴다.
- 행동을 하지 못하거나 반대로 충동적이고 지나친 반응은 철수반응을 마비시키고 문제를 지속시키고 상승시킨다.
- 당사자는 문제의 심각성을 부인하고 회복의 도구를 적절히 사용하지 못한다.

- 모임이나 치료에 부분적으로 혹은 전적으로 참석하지 않는다.
- 역기능적 해결책은 문제를 더 악화시키므로 상승작용이 일어난다.
- 당사자는 무기력감을 느낀다.
- 약에 대한 몰두와 갈망감이 증가하며, 이 시점에서 위안을 줄 수 있는 유일한 방법은 약인 것처럼 보인다.
- 고립되고 지지체계로부터 소외되며 좌절, 절망, 약에 대한 강박적 몰두는 증가한다.
- 갈망감은 저항할 수 없게 되고, 하나 또는 그 이상의 약을 쓴다. 재발의 연쇄가 완성된다.

(7) 힘 실어 주기(Empowerment) 접근법

약물중독자의 경우 대인관계의 성공과 사회기술의 질이 회복에 영향을 크게 미치므로 이를 직접 다룰 수 있는 집단 경험은 유용하다. 이처럼 대인관계 기술 향상은 회복에 영향을 미치기 때문에 집단상담을 함께하는 동료 중독자들과의 깊고 의미 있는 만남은 중독자들에게 큰 도움이 될 것이다. '힘 실어 주기' 관점에서 루이스 등(Lewis, Dana, & Blevins, 2002)이 정리한 집단상담의 원리와 기술을 아래에 소개한다. 먼저, 집단상담 장면에서 집단은 참여자들에게 다음과 같은 유익을 가져다준다.

- 집단은 내담자에게 현실성에 대한 인식 정도를 시험해 볼 수 있는 기회를 제공한다.
- 집단 속에서 자신과 타인에 대한 왜곡된 인식과 비합리적 가정이 명백히 드러나고 이를 버리게 된다.
- 집단은 문제행동 제거를 위해 위한 심리적 지지 기능을 한다.
- 집단은 현실 상황과 유사하면서도 안전한 장에서 새로운 행동을 시도할 수 있는 기회를 제공한다.
- 성원들은 적절한 자기노출과 피드백을 하는 능력을 신장시킨다.
- 다른 성원과의 상호작용은 내담자의 공감과 사회적 흥미를 향상시킨다.
- 일정 기간의 집단 경험은 개인의 변화를 강화한다.
- 집단은 타인을 깊이 이해하고 다름을 수용할 수 있도록 돕는다.
- 다른 성원으로부터 받는 지속적인 피드백은 내담자의 의사소통과 인식의 정확도를 높인다.

이런 집단의 특성들이 약물남용 내담자의 욕구와 맞아떨어지는 측면이 있다. 약물문제를 가진 내담자들은 자신과 세상에 대해 왜곡된 시각을 가지고 있고, 고립감이나 불신을 느끼며, 사회적 기술이 부족해 새로운, 혹은 오랫동안 잊고 지냈던 행동양식들을 발달시킬 필요가 있다. 그래서 집단은 이들의 왜곡된 시각을 점검하고, 이들에게 새로운 행동을 시도해보고 자기 패배적인 행동에 대한 피드백을 받고 타인에게 다가가는 기회를 제공할 수 있다. 그리고 집단이라는 형태는 고립감을 줄이고 희망을 고취시키며 다른 사람을 통해 배우거나 정보를 얻을 수 있으며 왜곡된 자아상을 변화시키는 데 유용하다.

그런데 약물중독 내담자 집단의 경우, 언어로 직면시키기와 설교조로 정보 제시하기의 두 가지에 강조점을 두고 있어서 집단상담의 상기 효과를 잘 보여 주지 못하는 경향이 있다. 먼저 직면의 경우, 보통 중독 상태임을 언어로 인정하는 과정을 포함하는데, 많은 내담자들이 정말 내면화하지 않은 채 피상적인 수준에서 받아들여 행동의 변화로까지 연결되지 않는 것이다. 내면화는 새롭게 학습한 행동의 효과성을 진정 믿을 때라야 가능한 것이며, 내면화가 이루어져야 감독이 없이도 행동이 수반된다. 교육적 접근의 경우 치료적 방법으로나 예방적 도구로나 광범위하게 사용되고 있다. 특히, 알코올중독 입원 내담자 등의 경우는 많은 시간을 알코올의 부정적 효과를 교육하는 데 사용하고 있다. 이런 접근법은 인식의 변화에 영향을 미칠 수 있으나, 측정 가능한 효과적 행동으로 나타나지 않을 수도 있다.

따라서 상담자가 내담자의 힘 실어 주기를 돕는 것이 필요하다. 힘 실어 주기는 a) 협력적 방법에 근거하고, b) 내담자들이 다른 환경에서도 효과적인 기술과 전략들을 발달시키

며, c) 집단의 분위기가 상호 지지적인 것이 특징이다. 이에
대해 각각 더 알아본다.

① 협력적 방법

이는 각 내담자가 다른 사람에 대해 의미 있는 자원으로서
상호작용할 수 있다는 관점을 반영한다. 이는 내담자가 집단
에 대한 소속감과 주체의식이 있을 경우 더욱 성공적이다. 이
때 상담자의 역할은 기능적인 의사소통을 촉진하고, 구성원
들이 집단에 대한 주인의식을 가지도록 고무하며, 목표 성취
에 도움이 되는 자원들(정보, 피드백, 수용, 보살핌, 물질적 원조
등)을 공유하게끔 하고, 집단상담 과정에 필요한 기술들(듣기
기술, 이해, 집단관리 기술)을 발전시킬 수 있도록 지지하고, 또
구성원들이 집단에 기여할 수 있도록 장려하는 것이다. 특히,
약물 집단의 경우, 최근 약물 때문에 상호 존중의 경험이나
자신이 기여할 수 있다는 가치감이 결여되기 쉬우므로 협력
적 방법이 중요하며, 또한 그런 이유로 상담자가 모델을 제시
해 주는 것도 필요하다.

■ 집단 규칙

구성원들은 자기 집단의 규칙을 함께 만드는 기회를 가짐
으로써 힘을 더 얻을 수 있다. 보통 규칙은 1회기에 세우는데,
이를 통해 구성원들은 상호작용과 책임감을 높여 초기 참여
를 촉진시킬 수 있다. 그리고 긍정적인 목표 달성에 도움이

되는 것들을 규칙으로 정하면 더 유용하다(예: 비하하거나 악담하지 않기).

■ 목표 설정

구성원들이 참여하는 집단의 목표 설정 과정이 힘을 실어주는 경험이 되기도 하는데, 개인의 치료적 목표뿐 아니라 집단에 대한 바람이나 기대(자신 삶의 통제력 회복, 자아 찾기, 대인관계 새로 맺음, 현실성 찾기 등)를 논의해 합의를 이룬다. 이 과정에서 상호 지지가 일어난다.

② 변화를 꾀하는 효과적인 기술

집단은 새로 배운 태도나 행동을 다른 장으로도 옮길 수 있는 기회를 제공한다. 집단에서는 모델링, 대인관계 행동 연습, 감정이나 생각 공유, 행동 변화 시도 강화, 대처 기술 습득, 문제해결이나 자기주장 연습이 용이하다. 다음은 약물 집단에 효과적인 기술과 전략들이다.

■ 행동 분석

현재 행동에 대한 사정이 필요한데, 그들의 약물 행동의 선행 사건이나 강화물을 유추할 수 있도록 고안된 작업을 하게끔 한다. 외래 내담자의 경우 숙제로 자신의 약물일지를 작성하게 하는데, 이는 내담자가 자신이 복용하는 양, 약물에 관련된 사람, 장소, 기분 같은 약물 행동을 야기할 만한 잠재적

위험에 대해서 경각심을 가질 수 있도록 돕는다. 그리고 집단에서 이를 나눔으로써 자신의 행동에 대해 보다 잘 모니터링할 수 있다. 왜 약물을 하게 되었는가에 대해 알코올중독자 사이에서 브레인스토밍을 하면 대개 스트레스성 사건(퇴직, 사별), 정신적 어려움(불안, 우울, 만성적 고통), 타인의 행동(배우자의 부정행위, 다루기 힘든 사업상 파트너, 알코올중독 부모), 음주 환경(친구 모두가 음주), 유전이나 초기 사회화(아버지가 알코올중독), 긍정적 결과(더 사교적이 된다) 등의 얘기가 나온다고 한다. 이처럼 집단 작용을 통해 약물 촉발 선행 사건에 대해 이해하고 이에 대처할 새로운 아이디어를 얻고 상호 지지를 통해 책임성을 배울 수 있다.

■ 대처 메커니즘
- 고위험 상황이나 스트레스 원을 밝히기: 이 과정을 통해 경각심을 높이고 이에 대처하는 방법들을 발전시키도록 서로 도와준다.
- 인식의 재구조화: 비현실적 사고를 현실적인 해석으로 바꾸어 보다 적절한 대응을 할 수 있도록 하고, 대안적인 자기 메시지를 자동적인 것이 되도록 연습한다.
- 이완훈련: 근육이완훈련을 통해 긴장과 완화의 차이를 알고 명상, 바이오피드백을 통해 신경작용을 바꾸는 훈련을 한다.
- 성공적인 대안 고안: 예전 같으면 약물로 귀결되었을 상황

에 대해 앞의 여러 방법들을 조합해 대처 기술을 생각해
본다.

- **문제해결**: 어떤 사람들은 자신의 문제를 부인하고 술이나
약물로 그 문제를 해결하려 든다는 데 초점을 둔다. 문제
해결 기술은 '문제 인식과 정의→ 대안 고안→ 대안 중
선택→ 적용과 평가'의 단계로 이루어진다. 가상적인 문
제 상황을 설정해 문제해결 방법을 생각해 보도록 해서,
실제 문제 상황에도 능숙하게 대처할 수 있게 한다.
- **자기주장 훈련**: 어떤 사람들은 자신의 비주장적 태도에 대
한 불만족 때문에, 혹은 맑은 상태로는 자기주장이 어려워
서 술을 마시기도 한다. 그리고 자기주장 훈련이 필요한
중요한 이유는 거절할 수 있도록 하기 위함이다. 우선 자
기주장과 공격성, 수동성 사이의 차이를 인식할 수 있도록
하고, 모델 관찰/역할극 등을 통해 약물을 거절하는 적절
한 양식을 익혀 실생활에서 적용할 수 있도록 한다.
- **실제 세계의 도전에 대응할 준비**: 금주를 결심한 한 여성의
예를 들어 보겠다. 명절을 맞아 가족들이 모이면 술을 과
하게 마시게 된다는 걸 아는데, 그렇다고 가족적 전통을
깨자니 마음이 불편하다. 아버지에게 금주에 대한 협조
를 요청하는 식으로 역할극을 통해 실제 상황에 대한 연
습을 했다. 이 과정에서 다른 집단구성원들도 그와 같은
상황에서 자신은 어떻게 대응할까에 대해서 생각해 보고
또 상호 원조 과정에 참여하는 기회를 가질 수 있었다.

③ 상호 원조

긍정적이고 지지적인 분위기와 상담자의 공감은 약물중독 내담자들의 방어와 저항을 줄이고 집단에 자신을 개방할 수 있도록 돕는다. 가령, 구성원이 집단의 규칙을 어겼을 경우 그 행동을 그냥 넘어가서는 안 된다고 해서 그 행동을 시인하라고 강제하기보다는, 공감적인 반응을 보여 주고 내담자에 대한 염려와 이해를 표명하는 것이 관계를 깨뜨리지 않고 문제를 해결할 수 있는 방법이다.

3) 자조집단

서문에서 밝힌 것과 같이 약물중독은 자신이 혼자의 힘으로 겪어 내기 힘든 일이 생겼을 때 이를 자신이 가진 여러 가지 자원으로 해결해 보려는 것이 아니라, 약물이라는 대상에 의지하여 약물이 주는 힘을 빌려 어려움을 해결하려는 현상이다. 따라서 같은 문제를 가진 사람들끼리 함께 모여 자신의 부족함을 서로에게 고백하고, 자신을 비롯하여 자신에게 해를 끼친 사람들을 용서하며, 자신보다 더 큰 힘에 의지하는 연습을 하는 자조집단이 전문가가 포함된 치료 집단보다 중독자들에게 더 도움이 될 수 있다.

(1) 상호 원조 집단 단주자 모임: 강점 이론의 관점

단주자 모임은 의사들이 탈중독이 불가능하다고 보고 대부분의 사람들이 중독자들을 도덕적 실패자라고 간주하던 1935년에 알코올중독자나 그 가족을 중심으로 모임이 결성되었다. 현재 단주자 모임은 150여 개국에서 10만 개 집단, 2백만 명 이상의 회원들을 안정적으로 유지하고 있다. 우리나라에도 100여 개가 넘는 단주자 집단이 있다. 하버드 정신건강 센터 소식지에 따르면, 1990년까지 전미 인구의 9%가량이 단주자 모임에 참여했었다고 한다. 많은 전문가들은 단주자 모임을 가장 효과적이고 친근한 알코올중독자 원조 방법으로 인식하고 있다. 여성, 전역자, 노인, 히스패닉, 동성연애자, 이주자 등 다양한 문화적 배경에 따라 선택할 수도 있다. 또한 집에서 외출하기 힘든 사람들의 경우 자원봉사자들이 집으로 방문하여 모임을 가지기도 한다.

단주자 모임이 사용하는 12단계는 전문 치료 센터에서도 사용하고 있으나, 단주자 모임(AA: Alcoholics Anonymous)/단약자 모임(NA: Narcotics Anonymous)은 치료보다는 자조집단의 성격이 강하다. 단주자 모임은 자발성에 기반하고 있어 성원이 될 수 있는 자격은 '금주'하겠다는 의지를 가지고 있는 사람'이어야 한다는 것이다. 중요한 것은 '자신을 위해' 그런 결심을 해야 한다는 것이다. 단주자 집단의 목적은 회복한 회원이 알코올문제로 고통 받고 있는 다른 사람들을 원조해 치유의 메시지를 전하는 것이다. 그리고 단주자 모임의 큰 특징은 완벽을 목표로 삼는 것이 아니라 과정에서의 발전을 꾀한다는 점이라 하겠다.

(2) 단주자 모임의 12단계

단주자 모임 프로그램의 상대적인 성공은 더 이상 술을 마시지 않는 알코올중독자들이 조절이 되지 않는 다른 중독자를 도우며 '한계'에 대한 예외적인 능력을 갖는다는 사실에서 기인한다. 간단하게 보면, 단주자 모임 프로그램은 중독에서 회복한 알코올중독자들이 음주문제가 있는 사람들과 그들의 문제를 함께 나누며, 단주자 모임에서 찾은 건전한 생활을 설명하고, 초심자들에게 올바른 멤버의식을 갖게끔 도와준다. 12단계에 포함되는 개개인의 회복 프로그램의 중심은 단체의 회원들의 초기 경험을 묘사하는 것이다.

- 1단계: 우리는 알코올에 무력했으며, 스스로 생활을 꾸려 나갈 수 없게 되었다는 것을 깨닫고 시인했다.
- 2단계: 우리보다 위대하신 '힘'이 우리를 건전한 본 정신으로 돌아오게 해 주실 수 있다는 것을 믿게 되었다.
- 3단계: 우리가 이해하게 된 대로, 그 신의 보살피심에 우리의 의지와 생명을 완전히 맡기기로 결정했다.
- 4단계: 철저하고 두려움 없이 우리의 도덕적 생활을 검토했다.
- 5단계: 솔직하고 정확하게 우리가 잘못했던 점을 신과 자신에게 또 어느 한 사람에게 시인했다.
- 6단계: 신께서 우리의 이러한 모든 성격상 약점을 제거해 주시도록 우리는 준비를 철저히 했다.

- 7단계: 겸손한 마음으로 신께 우리의 약점을 없애 주시기를 간청했다.
- 8단계: 우리가 해를 끼친 모든 사람의 명단을 만들어서 그들에게 기꺼이 보상할 용의를 갖게 되었다.
- 9단계: 어느 누구에게도 해가 되지 않는 한, 할 수 있는 데까지 어디서나 그들에게 직접 보상했다.
- 10단계: 계속해서 자신을 반성하여 잘못이 있을 때마다 즉시 시인했다.
- 11단계: 기도와 명상을 통해서 우리가 이해하게 된 대로의 신과 의식적인 접촉을 증진하려고 노력했다. 그리고 우리를 위한 그의 뜻만 알도록 해 주시며, 그것을 이행할 수 있는 힘을 주시도록 간청했다.
- 12단계: 이러한 단계로써 생활해 본 결과, 우리는 영적으로 각성되었고, 알코올중독자들에게 이 메시지를 전하려고 노력했으며, 우리 생활의 모든 면에서도 이러한 원칙을 실천하려고 했다.

(3) 단주자 모임의 특성

① 이야기의 공동체

집단구성원들은 서로의 경험을 나눔으로써 응집력을 얻고 그 사건의 의미, 역사와 미래의 관점에 대한 통찰을 얻을 수 있다. 단주자 모임에 참여하는 사람들은 치료의 대상이라기

보다 삶에 대해 이야기하고 듣는 이야기꾼(storyteller)이다. 단
주자 모임은 대화하기에 안전한 장을 제공하고 그를 통해 희
망, 적극적 변화를 위한 자기유능감을 얻어 '가망 없는 알코올
중독자'에서 '경험, 힘, 희망'을 가진 사람이 된다. 예를 들어,
단주자 모임에서의 자기소개를 보면 자신의 이름을 말하고
그 뒤에 "그리고 나는 알코올중독자입니다."라고 말한다. 이
에 대해 다음과 같이 여러 가지로 해석할 수 있다.

- 나는 현실을 직시하고 있으며 알코올중독자이고 금주를
  원한다. 위험 감소 전략은 내게 소용이 없어서 나는 술
  마시는 걸 조절하지 못한다.
- 난 당신들처럼 고통받아 왔고, 또 다른 사람들을 고통스
  럽게 해 왔다.
- 난 세상에서 부르는 이 알코올중독이라는 딱지를 수치스
  럽게 받아들이지 않는다.
- 내가 알코올중독자이지만 적어도 오늘은 맑은 정신 상태
  로 이 모임에 참여했다.
- 난 이 점을 속이거나 피상적으로 괜찮은 척하기보다는, 내
  가 '미성숙하고 자기중심적이고 영혼이 뒤죽박죽인' 알코
  올중독자의 특성을 일부분 지니고 있다는 것을 인정한다.
- 난 내가 알코올중독자임에 감사하는데, 그 이유는 그렇
  지 않았으면 찾지 않았을 영성적 길을 찾도록 이런 시간
  을 가지고 있기 때문이다.

- 난 여기 모인 여러분과 별다를 게 없으며 우리는 공통의 문제에 대해 직면하고 서로를 돕기 위해 왔다.

이렇듯 단주자 모임에서의 이야기 나눔은 알코올중독자로서의 자신을 재정의하는 작업이다. 그들은 과거의 삶에 대해 몰락의 과정이라 명명해 왔으나, 이제는 다른 미래를 만들어 갈 수 있다는 희망도 가지는 것이다. 이는 알코올중독을 단순히 병이나 고쳐야 할 나쁜 습관으로 보는 시각과는 확연히 다르다.

② 금주의 현실성

'다시는 절대로 마시지 않기'가 현실적으로 어렵다는 것이 금주자 모임의 기본 생각이다. 절대적인 목표 때문에 실패했을 경우 생기는 자기증오를 막는 것이 중요하다는 생각이다. 인간의 통제력에 한계가 있다는 점을 인정하고 결과보다는 과정을 중시한다. 그러므로 금주의 개념도 '절대로 술을 마시지 않겠다.'보다는 다양한 방법을 시도해 볼 수 있다. 가령, 맥주만 마시기, 잔 수를 제한하기, 혼자서는 마시지 않기, 아침에 마시지 않기, 집에서만 마시기, 근무 시간에 마시지 않기, 파티에서만 마시기, 스카치에서 브랜디나 와인으로 바꾸기 등이 있을 수 있다. 즉, 어떤 성원이 술에 취해 집단에 나타난다면 사람이 실수할 수 있다는 것을 인정하고 판단하기보다는 공감을 해 주고 금주에의 노력을 다시 시도해 보도록 한다. 금주자 모임 입장에서는 자기중심적이고 정신적 공황 상태로 지내는 알코올중독자에게서 알코올중독의 습성을 제거하는 것이 총체적으로 건강한 인간으로 가는 첫 단계의 의미를 가질 뿐이다.

③ 단주자 모임에 대한 신화와 은유

단주자 모임은 회원자격 사항으로 '금주 의지'만을 요구하고, 주요 목적을 '여전히 알코올로 고통스러워하는 사람들에게 치유의 메시지 전하기'로 하고 있는 '단순한 프로그램'이다. 그런데도 단주자 모임에 대한 무수한 오해와 오용, 비방(신을 예찬하고 비과학적이며 전체주의에 강압적이다)이 존재한다. 그리고 단주자 모임이 이미 박탈당한 집단으로부터 그나마의 힘마저 빼앗아 간다는 비난도 있는데, 특히 일부 페미니스트들은 '전지전능한 남성성의 신'에 의지하게 함으로써 역량을 약화시킨다는 비판을 하기도 했다. 또 단주자 모임 그 자체가 중독 프로그램이라는 점, 단주자 모임이 백인-남성-주류 문화에 기반하고 있다는 점, 비전문가가 운영한다는 점도 비판받고 있다. 이런 비판들은 보다 엄밀하게 알아볼 필요가 있다.

• 무력감을 조장한다.

'비워야 채워진다.'처럼 그 문화권에서 친숙한 은유를 사용한다. 12단계 중 1단계에서 무력감, 통제감 상실을 인정하는 것을 단주자 모임 프로그램의 시작으로 삼고 있다. 즉, 현실

3. 집단상담 | 167

을 직시하고 자신이 알코올을 통제할 수 있다는 환상을 포기
하라는 것이다. 집단에서 개인의 한계를 인정한다는 것은 '우
리는 같은 배에 타고 있고 유사한 경험들을 공유한다.'는, 즉
소외가 아닌 상호 연결을 느끼고 거기에서 희망과 유능감을
배양한다는 것을 의미한다.

• 전통적 질병 모델과 다를 게 없다.
  단주자 모임은 '알코올중독은 3중 – 신체, 정신, 영혼 – 의
질병이다'라고 보고 있다. 그러나 전통적 질병 모델에서는 치
료자의 전문가적 역할만을 강조하나(그러다 보니 중독자와 그
가족의 죄의식을 경감시켜 주는 기능이 있기는 하다), '강점 이론'
에서는 위계적이지 않은 상호 협력적 관계를 설정하고 촉진
자와 내담자가 함께 치료 목표를 설정한다. 중독을 질병이라
고 할 때는 은유적인 의미가 있는데, 중독 현상이 곧 현대사
회의 분리와 절망을 나타낸다는 것이다. 그렇기 때문에 온전
한 인간이 되려면 알코올중독자는 신체, 정신, 특히 영혼의
영역들이 통합되어야 하며, 이는 주로 영성적 프로그램에 따
라 작업하게 된다.

• 의존성을 심화시킨다.
  단주자 모임에 대한 비판으로는 약물로부터의 독립을 치
료로 보는 관점을 택하지 않기에 의존을 야기한다는 점이 있
는데, 단주자 모임은 인간이란 한계가 있고 상호 의존적이게

마련이라는 관점을 택하고 있는 데서 비롯된다. 중독의 습성상 금주를 했다 해도 건강한 대체 의존물이 필요하다는 것인데, 그것이 제대로 되지 않으면 도박, 소비, 섹스 중독과 같은 다른 중독에 빠지기 쉽다는 점을 고려하는 것이다. 단주자 모임에서 집단 모임을 하다 보면 정신이 맑은 상태로 지내는 시간이 길어지고 집단에서 타인을 원조하는 활동으로 중독 행동이 옮아 가기도 한다. 미국의 정서로는 '혼자서 알아서 하는 것'을 바람직하게 여기지만, 약물중독자들은 타인을 의존하고, 또 타인이 자신에게 의지하도록 하는 것이 필요한 것이다.

• 위대한 힘에 의존하는 종교 운동이다.

위대한 힘이 꼭 기독교의 신을 의미하는 것만은 아니다. 신, 부처, 야훼, 은총, 사랑, 진실, 모성 등 영혼을 치유하는 데 도움이 되는 것들을 설정하는데, 그 선택에 자유를 부여하는 것이 일반 종교단체 프로그램과 다른 점이다. 이런 위대한 힘을 상정하는 것은 인간적 한계를 인정하고 자신보다 거대한 힘이 있음을 수용하는 것을 뜻하는 것으로서, 어떤 사람들의 경우 그 위대한 힘을 나약한 자신이 아닌 '보다 강한 자아'로 상정하기도 한다. 단주자 모임의 2단계, 3단계에서 절대자에 의존하도록 하는 내용이 나오는데 이는 위대한 힘을 치료 에너지로 삼아 영혼의 안내를 받고 맑은 정신 상태를 유지하도록 하는 지혜의 원천으로 삼고자 함이다.

그런데 이런 측면 때문에 페미니스트 진영으로부터 관계를 맺는 타인이 아닌 추상적 절대자, 그것도 남성적 신에 의존하도록 하는 것은 또 하나의 억압이나 해악이라는 비판을 듣기도 한다. 단주자 모임은 기본적으로 영성적 프로그램이다. 그런데 일부 알코올중독자에게 종교가 회복 의지로서 훌륭한 기능을 한다는 것을 인정하지 못하는 심리치료가들이 있다. 그리고 단주자 모임에서는 위대한 힘의 은유적 표현이 '종교'로, '자신의 힘으로 변화시키기 어려운 것들을 물리치는 것'이 '소극적 의존성'이라고 해석하기도 한다.

④ 단주자 모임의 효과 연구

단주자 모임에 장기간 활발하게 참여했던 회원들의 40~50%는 수년째 절제를 지켜 오고 있다고 하고, 60~68%는 단주자 모임에 참여하는 동안 술을 줄이거나 입에 대지 않았다고 한다. 10년간의 추적연구에 따르면, 공적 치료와 단주자 모임 참가를 병행한 사람들이 가장 성공적인 성과를 보여 주고 있다. 그런가 하면 50% 정도가 3개월이면 단주자 모임을 나가고, 단순한 성찰의 훈련 과정일 뿐이라고 방법론을 문제 삼거나, 단주자 모임에 참여하는 것과 성과 사이의 인과성이 불명확하다는 것을 근거로 회의적으로 보는 시각도 있다. 어쨌든 완벽하진 않더라도 단주자 모임에 참여한 많은 알코올중독자들이 장기적으로 볼 때 자기 삶의 질을 향상시킬 수 있다.

그럼, 누가 단주자 모임로부터 효과를 얻는가? 불행히도 이에 대해 명확한 답은 없다. 특히, 미국-백인-이성애자-남성 중심적 문화와 밀접하게 관련이 되어 있는 것에 대한 논란이 많아 절대자를 지칭하는 him을 him or her 등으로 명시한다거나 취약 계층에 대한 관련 사항을 13단계로 넣자는 주장도 있고, 여성이나 흑인, 동성애자만의 모임을 따로 꾸리는 경우도 있다. 그러나 특화된 집단을 만드는 것만이 능사는 아니며, 주류 문화 집단에 속한 소수자가 불편함을 느끼지 않고 효과를 보고하는 사례도 많다. 이처럼 단주자 모임이 150여 개 국에 최소한 8개국 언어로 자료를 배포하면서, 단주자 모임의 철학이 다양한 인구 집단에게 유연하고 또 효과적인가에 대한 문제가 제기되고 있다. 어쨌든 단주자 모임은 '여전히 알코올로 고통받고 있는 이들에게 메시지를 전달한다.'는 목표를 훼손시키지 않기 위해 정치적 사안이나 사회운동에는 일절 관여하지 않으며 자조집단으로서 성장하고 있다. 따라서 알코올중독자를 만나는 전문가들은 단주자 모임에 대해서 잘 알고 가능한 자조자원들을 이용할 수 있어야 한다.

4. 치료공동체

치료공동체(TC: Therapeutic Community)라는 아이디어는 역사적으로 계속해서 발전되어 왔다. 치료공동체가 무엇인지에 대해 정의하자면 과거부터 지금까지 발전해 온 모든 중독자 모임들을 훑어봐야 하겠지만, 본 절에서는 오늘날 가장 대표적이라고 볼 수 있는 치료공동체 모임에 대해 살펴보고자 한다. 오늘날 많이 쓰이고 있는 치료공동체라는 개념은 두 가지다. 하나는 정신병동 상황에서 환자들이 정신과 의사들로부터 치료를 받으며 병동에서 생활하는 공동체를 말하고, 다른 하나는 지역사회에 기반을 둔 중독자 거주형 치료 프로그램을 말한다. 여기서는 후자의 거주형 치료 프로그램을 중심으로 요약하여 소개하고자 한다.

기존의 옥스퍼드 그룹 AA(Alcoholics Anonymous) 등 자조적으로 회복하고자 하는 중독자들의 모임이 있었다. 이 모임은 치유와 변화의 능력이 개인 안에 있다는 믿음을 가지고 비슷한 상황에 처한 사람들끼리 정기적인 모임을 가진 프로그램이다. 이러한 비거주형 모임에서 24시간 거주형 모임으로 가면서 Synanon이라는 치료공동체가 탄생하였다. 오늘날에는 Synanon에 다양한 조직, 철학, 실천 방법 등의 요인이 개입하면서 많은 치료공동체들이 생기고 있다. 현재 우리나라에는 동부시립아동상담소, 한국마약퇴치운동본부가 운영하는 송천 쉼터 등이 거주형 치료 프로그램을 운영하는 대표적인 곳이다. 약물중독 문제는 문제의 형성과정이 길고 복잡하며, 따라서 중독자에게는 약물사용 문제 이외의 다른 대인관계, 사고의 문제, 행동의 문제 등에서 알게 모르게 비적응적으로 발전된 것들이 많기 때문에 이런 장기간에 걸친 치료공동체 생활은 그들에게 안정된 환경을 제공하고, 정서적인 지지와 더

불어 삶의 틀을 형성하여 주며, 나아가 그들이 다시 재활 과
정을 거쳐 사회에 복귀하는 데 효과적으로 사용되는 디딤돌
이 된다.

1) 비거주형 단주모임과 거주형 단주모임의 차이점

거주형 단주모임인 Synanon은 비거주형 단주모임 AA와는
달리, 거주형 공동체로서 그 안에서 집단 프로그램이나 공동
체 모임들이 전개되고 일상생활, 근로, 관계 그리고 레크리에
이션 활동들이 이루어진다. 또한 Synanon은 기존의 AA보다
훨씬 다양한 문제를 가진 중독자들을 다룰 수 있으며, 이런
내담자들이 직접적으로 약물사용 패턴에 변화를 가져오는 데
큰 기여를 하였다. 치료공동체에 참여하는 중독자들은 단순
히 단주를 유지하거나 약물을 끊는 것만이 아니라, 중독을 하
게 된 심리적 원인들과 생활양식 등을 파악하고 근본적인 문
제를 변화시키는 것을 목표로 하기 때문에 재발을 방지할 수
있는 가능성이 더 커졌다. 또한 인카운터 그룹이나 비구조화
집단 등의 프로그램을 통해서 집단원 서로 간의 피드백과 상
호작용을 더욱 중시하게 되었다.

2) 치료공동체의 개념

지난 30년간 치료공동체에 관련된 사람들은 치료공동체의
개념을 정의하기 위해서 노력해 왔으나, 한 문장으로 개념적
정의를 내리기는 어렵다. 그러나 대표적인 속성, 기능, 규범

적인 면을 생각했을 때 다음과 같이 기술할 수 있다. 치료공동체는 고립 때문에 생긴 고통 그리고 그에 따른 부적응 행동들을 견고한 대인관계를 통해서 함께 해결해 나가고, 고립에서 벗어나 다른 사람들과 공동체 안에서 한 형제임을 느낄 수 있도록 도와줄 수 있는 사람들이 중독자들과 함께 모여서 사는 집단이다. 또 이 공동체는 개인 발전에 대한 기대를 심어주고 자신의 수치심, 경계, 자책감 등을 추방하고 발전할 수 있도록 하는 기능을 할 수 있는 곳이다. 중독자들은 이 공동체 안에서 신뢰, 관심, 책임감, 정직, 적절한 자기노출, 보살핌 등을 얻을 수 있다.

3) 치료공동체 거주자들이 보이는 장애

치료공동체에 입소하는 거주자들은 약물사용, 범죄, 성행위 등에 대해서 통제력을 상실한 상태이며, 약물 과다복용으로 인한 자살 위험이 있는 경우가 빈번하다. 또한 그들은 폭력이나 수감, 사망에 대해서 매우 불안해하고 두려워하며, 이러한 두려움은 약물 때문에 그동안 겪어 온 직업이나 가족, 친구들과의 관계 상실을 통해 더욱 높아진 상태다. 그들은 스스로 약물을 절제할 수 있는 능력이 거의 없으며, 이전의 치료 경험이 많으나 치료 이후 다시 약물을 사용하는 주기를 반복하고 있다. 사회적으로나 대인관계에서 책임감이 없으며, 생활방식 자체가 약물을 할 수밖에 없는 실정이며, 그러한 삶을 전체적으로 수정하지 않으면 안 되는 상태에 있다. 치료공동체에서는 그들이 정상적인 생활을 놓쳐 버린 이전의 발달 단계를 짚어 주고 사회적인 능력을 살려 줄 필요가 있다. 그들은 대부분 부모, 배우자, 친구들과 역기능적인 관계를 맺고 있다. 또한 전과, 수감 경력 등을 가지고 있는 경우가 많으며, 약물과 매우 밀접한 관계가 있는 갈취, 학대, 폭력, 반사회적 가치의 거부 등을 보인다. 치료공동체의 약물중독자들은 자신의 행동이 타인에게 어떤 영향을 주는지 잘 파악하지 못하여 결과를 고려하지 못한다. 문제해결, 의사결정에서 그릇된 판단을 하며, 자신의 감정, 이식, 행동 등에 경험을 제대로 활용하지 못한다. 환경을 그대로 보지 못하고, 문제에 직면하지 않으려고 하며 현실을 회피하려고 한다. 그리고 대개 인지적 · 교육적 기술이 없고 직업적 능력이 부족하다. 또한 치료공동체 거주자들은 자존감이 낮고, 생산적인 생활방식을 영위해 나가지 못한다. 자기 통제력이 매우 낮기 때문에 스스로를 좋아하거나 자신의 가치를 인정하기가 힘들다. 다른 사람들의 기대에 부응하지 못하고, 청소년기에 학교에서 문제를 일으켰기 때문에 죄책감을 가지고 자기 자신을 부끄럽게 여긴다. 그리고 사회정체성도 매우 부정적으로 발달한다. 그들은 고통스러운 일이 있을 때 그런 감정을 참고 이겨 내기 힘들어한다. 자신이 거부당할 때, 창피한 일을 당할 때, 괴로울 때 등 인내를 필요로 하는 상황에서 대부분 조바심을 느끼며 참지 못한다. 또한 자기 자신, 부모나 친구와 같은 주위 사람들, 사회, 심지어 치료공동체에 대해 여러 가지 규범을 지키지 못한 것, 기대에 부응하지 못한 것 등에 대한 죄책감을 많이 느낀다. 그리고 이런 죄책감은 사람이나 사회에 대한 적개심과 분노로까지 발전하며, 정신적 불안과 감정의 상실까지 겪을 수 있다.

4) 치료공동체에서의 회복

치료공동체에서 회복이란 단순히 몸과 마음이 건강해지는 것이 아니라, 더 나아가 앞으로 긍정적인 사회생활을 할 수 있게 되는 것을 말한다. 이런 긍정적인 사회생활에는 공동체의 규칙을 준수하는 것, 약물을 전혀 하지 않는 상태를 계속 유지하는 것, 집단 프로그램, 미팅, 일, 교육 프로그램 등에 꾸준히 참여하는 것, 자신의 의무와 책임을 다해서 맡겨진 일을 처리하는 것, 주변을 깨끗하게 정리하고 위생을 유지하는 것, 자기 자신과 주변 사람들에 대해 책임을 가지고 관심을 가지는 것, 공손한 태도, 매너, 존경심, 의견 존중 등 사회에서 꼭 필요한 행동 등을 익히는 것이 포함된다. 이런 회복을 위해서 치료공동체에서는 다음과 같은 회복철학들을 가진다.

- '한 번에 하루씩': 회복을 너무 성급하게 이루려고 하면 중도에 포기하고 탈락하는 경우가 생기므로 천천히 매일매일 하루씩만 바르게 살아야 한다.
- '단순하게 하라': 한꺼번에 너무 많은 문제를 다루다 보면 그것에 압도되므로 단순하게 한 번에 한 가지 일을 해야 한다.

- '한 걸음 한 걸음': 빨리빨리 얻으려 하지 말고 중요한 학습의 단계를 차근차근 밟아야 한다.
- '돌아가는 것은 돌아오기 마련': 삶 속에서 느껴지는 불공평함, 부당함은 겪을 수밖에 없는 규칙이며, 미래 어느 시점에서는 어떤 형태로든 해결된다. 따라서 인간적인 힘으로 해결할 수 없는 문제는 인내하고 기다려야 한다.
- '고통 없이는 수확도 없다': 고통을 잘 수용하는 것을 성장의 척도로 볼 수 있다. 자신의 과거와 현재 모습을 모두 수용하고 받아들여야 한다.
- '뿌린 대로 거둔다': 이 세상에 공짜란 없다. 공동체 속에서 자신이 노력하는 만큼 회복이 이루어질 것이다.
- '그런 척 행동하라': 앞으로 되어야 할 그 모습이 지금 된 것처럼 행동하려고 노력해야 한다.
- '네가 누구인지를 기억하라': 자신이 실제 느끼는 감정을 재확인하고, 현실의 싸움에 당당하게 뛰어들어야 한다.
- '어디로 갈 것인지를 알기 위해서는 네가 어디에서 왔는지를 기억하라': 공동체 속에서 미래에 변화되어야 할 목표를 얻는 것도 중요하지만, 자신이 과거의 어떤 원인으로 이곳에 와 있는지를 이해하고 이를 변화시키는 것 역시 중요하다.
- '버려야 지킬 수 있다': 다른 사람의 회복을 끊임없이 칭찬하고 남을 돕는 것이 결국에는 자기 자신을 끊임없이 가르치는 것이다.

5) 치료공동체 프로그램의 구조

치료공동체는 치료 프로그램에서 변화의 대상이 되는 거주자와 이를 도와주는 직원으로 나누어진다. 또한 직원은 프로그램 운영 직원과 프로그램 지원 직원이 있다. 프로그램 운영 직원은 책임자, 부책임자, 시설관리자, 선임상담원, 일반상담원 등으로 구성되어 있다. 이들은 보통 치료공동체 졸업자들이거나 회복 경험이 있는 사람들로 구성되며, 치료공동체 시설 운영과 임상적인 부분에 대해서 전체적으로 책임을 진다. 프로그램 지원 직원에는 임상지원 직원이 있는데, 이들은 의사, 간호사, 교사, 직업상담사, 사회복지사, 심리학자 등이다. 또 시설지원 직원은 급식 서비스, 시설유지관리 기술자들 등이다.

6) 치료공동체 프로그램의 단계

(1) 치료공동체 입소 전 단계: 입소 평가 단계

치료공동체에 부적절한 사람들을 가려내고 적합한 사람들에게는 장기 거주치료를 준비하도록 하는 단계다. 보통 프로그램을 졸업한 준전문가들이 면접을 하며, 60분 정도의 1차 면접을 가진다. 그 후 신청자와 중요한 관계에 있는 사람들과 함께한 자리에서 법률, 의료, 정신 문제, 약물치료 경험 등에 대한 기록을 검토하는 2차 면접을 한다. 이러한 면접을 거쳐, 공동체에 위험을 줄 수 있다고 판단되는 사람은 입소 대상에

서 제외된다. 또 향정신성 약물을 정기적으로 투약하는 내담
자들은 정신장애와 관련되기 때문에 치료공동체보다는 병원
쪽으로 이끌어 준다.

이 단계에서 대부분의 입소자들은 에이즈나 간염 관리에
대한 지침을 듣고, 다음에 진행될 유도 단계에 대한 여러 가
지 오리엔테이션을 받는다. 그리고 프로그램 방침, 입소 기
간, 직무, 공개적인 생활 등에 대한 정보를 제공받는다.

(2) 1단계: 유도 단계

입소 후 첫 30일 동안을 말하는데, 이 단계에서 개인을 공
동체에 동화시킨다. 동료들은 신입 거주자들에게 자신을 소
개하고, 신입 거주자들은 직무, 미팅, 세미나, 집단상담, 식사,
레크리에이션 등에 참여한다. 신입 거주자들은 시설 밖의 타
인들과 접촉을 최소화하며 상대적으로 고립된다. 또 절박한
문제들이 생겼을 때 해결하는 위기 개입을 배우며 집중적인
오리엔테이션을 받는다. 그리고 불안을 낮추고 공동체에 더
욱 잘 동화될 수 있도록 지지적인 상담을 진행한다.

(3) 2단계: 1차 치료 단계

2단계는 10개월간 진행되며 사회화, 개인 성장, 심리적 자
각 등을 추구한다. 모임, 세미나, 집단 프로그램 등이 동일하
게 진행되지만, 상담의 강도가 증가하고 공동체의 기대 또한
늘어난다. 직업 및 교육 서비스들이 많아지며, 각 개인들의

다양한 문제와 욕구에 따라 개인적인 치료 방법들을 고안한
다. 이런 것들은 동료들이 서로를 돕는 자조적인 치료공동체
의 특징을 넘어서지 않는 선에서 이루어진다.

(4) 3단계: 재진입 단계

재진입 단계에서는 거주자들이 공동체를 떠나 사회에 복귀
하여 정상적인 생활을 영위할 수 있도록 도와준다. 13~18개
월 정도는 거주자들이 공동체에서 잘 분리될 수 있도록 도와
주며, 그 후 18~24개월은 치료공동체 외부에서 잘 적응할 수
있도록 도와준다. 외부세계에 더욱 많이 노출시키면서 배운
것을 바깥세상에서 적용할 수 있게 된다. 후반으로 갈수록 사
회에 긍정적으로 대응하고 일상생활 기술을 익히며 시설 밖에
서도 약물 없이 생활을 유지해 나간다. 치료공동체에서 벗어
나 AA와 같은 모임에 참여하도록 유도되기도 한다.

(5) 프로그램 수료

처음에 계획했던 24개월의 기간이 끝나고 전 단계를 수료
하면 프로그램 졸업을 대기한다. 수료자들은 일자리를 찾고
학교나 직업훈련에 참여한다. 또한 여러 가지 생활상의 문제
들을 해결해 나가고 심리적으로도 안정을 찾아 나간다. 프로
그램 수료자들은 이후에도 치료공동체에 새로 입소한 신규
거주자들에게 스폰서 역할을 해 주는 등의 관계를 유지하도
록 권고받는다.

(6) 사후 관리

치료공동체의 공식적인 단계는 아니지만, 치료를 졸업한 이후에도 성장과정을 지속할 수 있도록 사후 관리가 필요하다. 따라서 사후 관리 계획을 철저하게 세워서 도와주어야 한다.

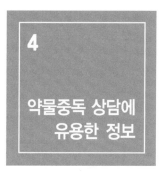

4

약물중독 상담에
유용한 정보

1. 약물예방교육

1) 약물예방의 개념

약물사용에 대한 개입 방법으로는 형사처벌이나 치료재활과 같은 사후적인 개입보다는 예방이 훨씬 효과적이다. 물론 예방활동을 통해 전적으로 억제되는 것은 아니며 현실적으로 형사처벌과 치료재활은 충분한 효과를 위해 불가피하다. 따라서 약물남용의 실태와 형사사법적, 보건의료적 자원의 활용 가능성을 토대로 현실적인 정책 방향을 설정하여 추진하는 것이 필요하다.

예방이란 약물남용의 발생이나 확산을 줄이거나 안정시키는 제반 활동을 의미한다. 예방도 광의와 협의의 두 가지 차원에서 살펴볼 수 있는데, 먼저 광의의 약물남용예방은 교육, 훈련, 치료, 연구를 모두 포함하는 과정이다. 즉, 약물의 공급·수요 과정을 포괄하는 법률적 시행 및 실제 통제에 관한

사회정책의 상대적 개념을 의미하는 것이다. 협의의 예방은
약물남용교육 프로그램이나 약물에 관한 정보제공 프로그램
으로 정의한다. 이 개념은 예방을 위한 교육·정보제공 활동
과 치료·재활 활동을 구분할 때 사용된다(Lewis et al., 2002).
세계보건기구나 미국국립약물남용연구소(NIDA) 및 국립알코
올남용연구소(NIAAA) 등은 광의의 예방 개념에 따른 예방전
략을 구축하고 있다.

(1) 예방 연속선

전통적인 예방 노력은 약물남용의 진행 단계에 맞추어진다.
약물남용 연속선을 따라 선택되는 전략들은 종합적인 예방
활동의 중요한 요소들로서, 다양한 기술과 서비스를 활용하
는 광범위한 예방 프로그램을 필요로 한다.

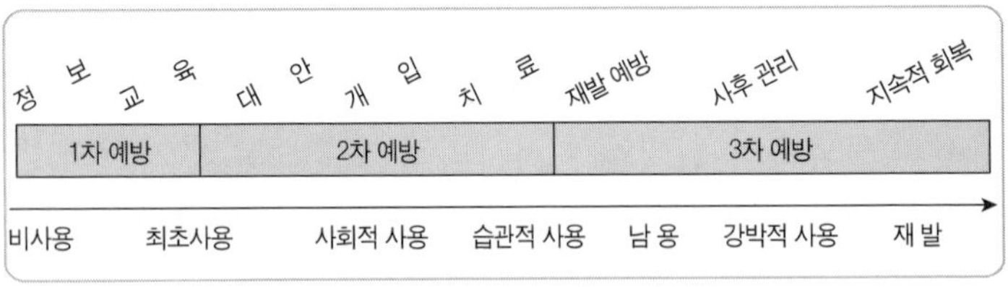

[그림 3] 예방 연속선

① 1차 예방 : 사용 예방(preventing initiation)

약물문제가 발생하기 전의 예방이다. 약물남용의 발생 감
소와 새로운 약물남용자가 생기지 않도록 예방하는 접근으로
서, 선행 위험요소의 감소, 취약성 감소 및 보호요소의 증가

를 목표로 한다. 아래 〈표 3〉에서 보듯이 약물사용과 관련이 있는 행동장애나 외적 통제 소재와 같은 개인적 특성 변수는 1차 예방에서는 다루어질 수 없으며, 그 밖에 부분적으로만 다루어질 수 있는 변수들이 있다.

〈표 3〉 청소년 약물사용 관련 변인과 예방 기술

변 인		예방 기술		
		1차	2차	3차
개인적차원	**심리적 변인**			
	혈통장애	×	∨	∨
	우 울	∨	∨	∨
	외적 통제 소재	×	∨	∨
	성 정체성 위기	∨	∨	∨
	절망감	∨	∨	∨
	사는 이유 혹은 삶의 의미의 결여	∨	∨	∨
	외로움	∨	∨	∨
	낮은 자아존중감	∨	∨	∨
	이전의 약물사용 경험	∨	∨	∨
	초기 아동기의 중대한 상실	(∨)	∨	∨
	사회적 변인			
	어머니상의 부재	∨	∨	∨
	가족관계에서의 불만족	∨	∨	∨
	가족의 알코올 및 약물사용	(∨)	∨	∨
	또래 압력	(∨)	∨	∨
	신체적 혹은 성적 확대	(∨)	∨	∨
	이전의 정신과 입원치료 경험	(∨)	∨	∨
사회적차원	사회적 프로그램과 서비스 (치료의 이용 가능성과 접근 가능성)	∨	∨	∨
	매스미디어	∨	∨	∨

주: ∨-다루어질 수 있음, (∨)-부분적으로 다루어질 수 있음, ×-다루어질 수 없음
출처: Pagliaro & Pagliaro, 1996, p. 230.

약물남용 문제를 발생시킬 수 있는 요소들을 사전에 규명하고, 약물사용을 피할 수 있도록 약물과 개인과 환경에 변화를 시도한다. 이 시도에는 약물남용의 문제점을 이해하고 약물사용 행위를 억제하고 거부할 수 있게 해 주는 약물교육 프로그램, 남용되는 약물의 구입을 법적으로 억제하는 법적 제재의 강화, 대중매체를 이용한 홍보, 그 밖의 약물남용 유발요인의 제거 등이 포함된다.

약물남용의 예방전략으로는 사용 시작 전의 예방이 가장 이상적으로 보인다. 1차 예방은 유치원부터 시작되어야 하며, 특정한 약물남용을 시작하지 않은 사람에게는 일생을 통해 지속되어야 한다.

대부분의 프로그램은 역량강화(empowerment)에 초점을 맞추며, 필요한 경우는 즉각적인 단기 원조인 위기 개입이 이루어진다. 위기 개입이 적시에 이루어지지 않으면 스트레스는 점점 심화되며 문제행동으로 나타나는데, 위기에 처한 대상자의 상실감을 인식하고 정서적 상처를 다루어 주어야 한다. 약물남용 1차 예방 프로그램은 다음과 같은 네 가지 모델로 분류될 수 있다.

- 정보 모델(Information-Only Model)
- 대안 모델(Alternatives Model)
- 정서 교육적/사회적 능력 모델(Affective Educational/Social Competency Model)

• 사회 환경적/학습 모델(Social Environmental/Learning Model: Cognitive/Behavioral or Social Influences Model)

예방전략을 개발하고 이끌어 갈 적합한 이론이 있어야 하며, 정치적이거나 사회적인 정책의 뒷받침도 필요하다.

② 2차 예방 : 조기 개입(early intervention)

'조기 개입'은 문제를 조기에 규명하고, 해로운 영향을 감소시키며, 그 이상의 발전을 막을 수 있는 적절한 교정적 반응을 하는 것이다. 이미 약물을 사용하고 있으나 아직은 심각한 부정적 영향들이 나타나지 않고 있는 대상자들을 위한 조기 개입 활동이다. 이때 약물남용의 원인이 되는 약물의 차단이 중요하며, 스트레스를 감소시키고 대처 능력과 생활을 조절할 수 있는 능력을 얻도록 도와야 한다. 자아개념의 개발, 가족관계의 개선 등을 위한 개별상담, 가족상담, 집단상담과 같은 상담치료를 통해 약물사용에 따른 피해를 줄이고자 한다.

③ 3차 예방 : 치료(treatment), 재활(rehabilitation) 및 재발 예방(relapse prevention)

약물남용이나 강박적 사용의 문제 유형에 이미 연루되어 있는 대상자들의 문제 파급을 감소시키며, 악화를 예방하고, 재발을 예방하는 것이다. 3차 예방은 전형적으로 적극적인 의료적, 심리 사회적 치료를 포함한다. 입원치료 및 재발 예방 재활 프로그램을 포함하며, 약물치료, 심리치료, 가족치료, 사회 기술 훈련, 자조집단, 치료공동체 등의 개입이 이루어진다. 실제 상황에 대한 사정을 통해 동료, 이웃, 친구, 친척 등의 긍정적이거나 부정적인 비공식적 사회망을 파악하고, 새로운 관계망을 개발하도록 원조한다.

예방활동이 이루어지는 대표적인 기관인 학교에서의 예방활동은 일반적으로 1차와 2차 예방에 초점을 맞추어 이루어지고 있다. 3차 예방이 이루어지는 경우도 일반적으로 직접적인 치료적 개입은 하지 않으며 지역사회 전문 상담기관이나 병원과의 연결을 통해 관여한다.

다음의 〈표 4〉는 학교에서 실행 가능한 예방 프로그램을 예방활동별로 분류하여 정리한 것이다.

〈표 4〉학교에서 실행 가능한 예방 프로그램

• 1차 예방(사용 예방)

프로그램	프로그램 내용	대 상
욕구 조사 계획 및 실행	• 정기적이고 지속적인 관련인구 및 문제 규명: 사용 약물, 새로운 약물, 유통경로, 약물사용률, 처음 사용연령, 약물남용에 대한 인식	• 지역사회 전문가 • 주 민 • 학 생
프로그램 계획 및 평가	• 욕구 조사에 기초한 프로그램의 계획 • 실행팀 및 평가 방법 구성	• 교직원
직원교육	• 약물의 효과 및 영향 교육	• 교직원
사회적 능력 증진 프로그램	• 약물남용으로 이끄는 매스미디어, 또래, 성인의 영향에 대한 인식 증진	• 일반학생

자기주장 훈련/ 거절기술 훈련/ 문제해결 기술	• 약물사용을 거절하기 위한 전략 및 사회적 기술의 제공	
또래상담자 양성	• 지원 학생의 상담자 교육과 활동 배치 • 또래상담자의 사례 발견을 위한 지원	• 일반학생
약물교육	• 학년별 약물교육 내용 및 교육 방법의 구성과 실행 • 교재 및 교구 제작	• 일반학생
COA 대상의 예방 프로그램	• 알코올중독 가정 자녀의 특성을 고려한 교육: 교육 진행속도 및 자료의 차별화, 토론 기회 강조 • 부모의 애정이나 학생의 안전을 위한 노력을 이슈로 한 상황 이해 증진과 지지	• 알코올중독 가정 자녀
부모 관계망 형성	• 약물교육을 지지, 협조하는 학교 지원망	• 학부모
학부모 지원 프로그램	• 예방을 위한 부모 지원: 가족관계 및 훈육기술 개선, 약물에 대한 지식 습득	• 학부모
지역사회 조직 활동	• 유해환경 정비: drug free zone 설정, 학부모 감시단 조직 • 모금활동: 연구 조사 및 서비스 제공을 위한 걷기 대회 • 캠페인: 연극공연, 표어/포스터 제작 공모 • 학부모: 운영위원회 내의 약물기금 후원문과 조직	• 학부모 • 지역주민 • 학 생

• **2차 예방(조기 개입)**

프로그램	프로그램 내용	대 상
학교 내 약물 관련 정책 수립	• 약물 정책 및 실행 절차의 성문화 • 교직원, 학생, 지역사회에 명시	• 사용 학생 • 교직원
사례 발견	• 약물사용 학생 및 고위험군 학생 확인 　-약물교육 수업을 통한 발견 　-학생의 생활기록 및 학업성취기록 검토 　-지역 경찰과 학교 행정직원과의 연계	• 고위험군 학생
개별상담	• 선별, 사정, 외부 의뢰 준비: 학생 주변인 및 학생 자신의 상담 요청	• 고위험군 학생

단기 가족상담	• 학생에 대한 정보 수집 • 지식 및 정보제공으로 가족 역량 강화 • 지역사회 기관으로 의뢰	• 학부모
지지 집단상담 • 교육 집단 • 동기화 집단 • 사용 경험 집단	• 가족 중에 남용자가 있는 학생의 지지 • 통찰 • 약물중단 유지를 위한 지지	• 고위험군 학생
관련 집단상담 • 이혼가족 자녀 • 비통상담 • 사회기술 증진 • 청소년기 주제 • 입학/전학생	• 약물사용에 영향을 미치는 주제들을 다루기 위한 집단 • 비통상담(grief counselling)은 사고사와 자살로 친구나 가족을 잃은 학생을 대상으로 이루어짐	• 고위험군 학생
약물남용 전담팀 조직	• 약물남용에 관심을 가진 다 전문직 직원으로 구성된 자발적인 팀 구성 및 운영	• 교직원
사례 회의 주제	• 사례 의논, 행동계획 수립과 타 직원에게 의뢰 • 약물예방/개입 프로그램 계획 • 문제에 따른 관련 지역사회기관으로 의뢰	• 교직원
직원교육	• 약물남용 문제 및 상담 교육	• 교직원
지역사회 연계 서비스	• 지역사회 내의 자원 파악 및 연결 • 지역사회 내 약물남용 관련기관 파악 －기관 서비스의 표적인구 －기관의 치료 방법 －학생에의 접근 방식 • 협조 프로그램의 계획 및 실행	• 지역사회
지역사회 조직활동	• 교직원, 학부모, 지역사회 관련기관과의 협의체 구성	• 지역사회
사정도구 개발	• 행동 체크리스트 선정 －자료 수집 －행동계획 수립 －학생의 피드백에 사용, 담당교사 도움	• 교위험군 학생 • 교사

• **3차 예방(회복 지지)**

프로그램	프로그램 내용	대 상
개별상담/부모상담	• 약물남용 사정 • 약물남용/약물의존에 대한 교육 • 약물남용 치료 프로그램의 선택 방법에 대한 교육 • 의뢰	• 남용학생 • 부모
지지집단	• 회복 프로그램 참여의 지지와 강화	• 남용학생
재발 예방 프로그램	• 재발을 예방하기 위한 집단 프로그램	• 회복 중인 남용학생
복교 지원 프로그램	• 치료나 법적 제재에서 학교 환경으로 돌아오는 것을 원조	• 남용학생
지역사회 자원 연계	• 의식주 및 의료, 사회적 서비스 연결	• 남용학생 • 가족

(2) 예방 집합형

예방 연속선을 따르는 전략들은 종합적인 예방활동의 중요한 요소들이다. 그러나 예방 연속선은 본질적으로 '예방 대 치료의 개념틀' 안에서 인식되어 왔으며, 실제로는 서비스의 연속성이 아닌 분리를 초래했다. 즉, 예방되지 않은 문제들을 치료했던 것이다. 이와 같은 관점은 치료이며 예방이고, 예방이며 치료라는 인식을 지니는 데 장애가 되어 왔다. 그러나 1980년대 후반에 들어와서는 개인적인 수준에 우선적으로 초점을 맞추었던 예방활동에서 사회 환경적인 다차원적 접근 방식의 예방활동으로의 변화가 있었다. 기존의 예방 연속선을 따른 전략들을 대신하는 것이 아니라 보완해 주는 전략들로서 개인과 지역사회라는 이중적 초점에 따라 재배열되고 확장된 것이다. 이와 같은 체계 지향적인 관점은 연속선(continuum)과는 상대적인 집합형(constellation)의 개념을 따르며 시작이나 단선적 전후관계가 없는 모델을 형성한다.

[그림 4]는 이 개념을 도형화하고 있다. 각각의 활동들은 개별적이면서도 상호 연결되는 전략들로서, 전체로서의 지역사회는 서로가 주고받는 과정을 통해 이익을 얻는다는 믿음에서 비롯되는 개념이다. 이 모델에서 공적 제도나 기관의 예방

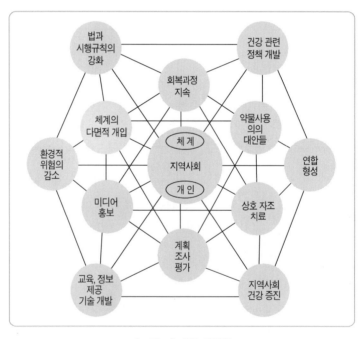

[그림 4] 예방 집합형

활동 책임은 훨씬 감소되며, 지역사회 내 참여자의 노력이 훨씬 더 확대된다. 예방활동은 비공식적인 지역사회의 노력으로 지지받고 다양한 공식적 자원으로 통제되는 것이 아니라, 촉진될 때 가장 효율적으로 이루어질 수 있다. 예방 집합형 모델에 따른 지역사회의 전략은 다음과 같다.

① 지역사회 건강 증진

약물 구입의 용이성과 약물 소비에 관한 지역사회의 건강을 지키고 증진시키며 재구축한다. 가능한 한 많은 주민들이 지역사회 예방활동에서 주인의식을 지닐 수 있도록 하며, 예방과 회복 체계를 통합한다.

② 연합 형성

개인이나 한 조직의 단독 노력은 효율적이기 어렵다. 가장 성공적인 노력은 광범위한 집단들과 조직들 사이의 동료의식과 연합을 통한 것이다.

③ 교육, 정보제공 및 기술 개발

인식과 지식을 증진시키고 사회적 규범을 명료화하며, 구체적인 행동 기술들을 개발한다.

④ 환경적 위험의 감소

약물남용 문제에 기여하는 위험도 높은 환경을 자발적인

수정과 공식적인 통제 또는 규칙을 통해 변화시키며, 건강 증진 행동을 지원하는 환경적 요인을 강화시킨다.

⑤ 건강 관련 정책 개발

공식적인 정책과 비공식적인 정책의 지침을 따름으로써 가족, 직장, 정부기관, 조직 등의 구성원들의 건강한 행동을 지켜 나간다.

⑥ 법과 시행규칙의 강화

법적 조치는 일차적으로 약물사용과 공급의 통제를 위한 것이며, 사법 체계와 경찰의 업무이지만 시민이 참여할 수 있는 부분도 있다. 시민연대 활동을 통해 약물남용과 관련된 법률 제정 및 개정을 촉구하며, 실행을 원조한다.

2) 약물남용 예방전략 구성 예

약물남용에 대한 종합적인 예방전략은 우선 국가의 예방전략 계획을 기본으로 한 다음, 이를 바탕으로 학교에서의 약물예방교육, 지역사회의 예방활동, 대중매체의 계몽 및 홍보활동 등이 세부화되어야 한다. 즉, 각 전략은 모두 국가의 약물남용 예방전략 계획을 바탕으로 한 구체적인 세부사항이어야 한다. 또 세부사항들을 실천하는 각 기관들은 국가와 유기적인 관계를 가지고 항상 협력하여야 하고, 다른 기관들과 유연한 협조 체계를 가질 필요가 있다. 이 모든 구체적 세부사항

들은 전체적인 기본 계획과 모순되지 않아야 하고, 각 세부사
항들과도 배치되어서는 안 된다. 그리고 이러한 전체적인 예
방전략 계획과 세부사항을 통괄할 수 있는 부서를 정하여 일
관성 있게 추진하는 것이 필수다. [그림 5]는 한국형사정책연
구원(1996)에서 제시한 약물남용 예방전략의 한 예다.

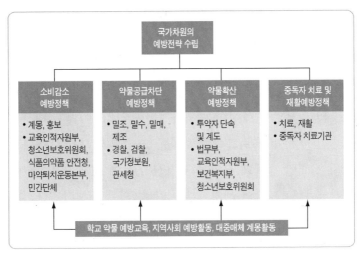

[그림 5] 약물남용에 대한 종합적인 예방전략

3) 청소년 약물남용 예방을 위한 프로그램 예

1997년 청소년 대화의 광장에서 출간한 약물남용 청소년
예방교육 프로그램을 소개하고자 한다. 자세한 내용은 한국
청소년상담원 홈페이지(www.kyci.or.kr)를 방문하여 회원 가
입 후 전자도서관-상담 프로그램을 클릭하면 약물남용과 관

련된 다양한 상담 프로그램을 접할 수 있다.

▶ 교육 대상: 정상 학생 청소년

본 프로그램의 적용 대상은 약물남용 및 약물중독 단계에 이르기 이전 단계의 중·고등학교 학생 및 청소년이다. 물론 이들 가운데 약물사용 청소년, 약물남용 청소년, 약물중독 청소년이 모두 포함되어 있을 가능성이 있는데, 본 프로그램은 한 번도 약물을 사용해 본 경험이 없는 청소년들을 주 대상으로 하고 이들을 중심으로 프로그램을 제작했다. 단, 약물사용 경험이 있는 청소년들이 들어도 도움이 될 수 있도록 이들도 청중의 일부로 간주하여 배제되지는 않았다. 이렇듯 대상을 넓혔기 때문에 프로그램의 효과를 크게 기대하기는 어렵고 단지 청소년 전체에게 약물과 자신의 삶에 대해 다시 한 번 생각해 보는 자극의 계기를 제공할 수 있다고 생각된다.

▶ 진행 방법: 대규모 교육

본 프로그램은 약물예방교육을 경제적으로 할 수 있도록 최대한 배려했다. 본 프로그램은 약물사용 경험이 있거나 약물사용이 예상되는 10명 내외의 소규모 집단을 대상으로 한 약물예방 집단 프로그램과는 달리, 수백 명 이상의 대규모 집단을 대상으로 하는 교육 프로그램이다. 따라서 한번에 여러 학생들에게 예방교육을 할 수 있기 때문에 a) 여러 명의 상담자를 훈련시키지 않아도 되고, b) 현재와 같은 입시 위주의 교

육 제도에서 중·고등학생들에게 최소한의 시간을 들여 약물
예방교육을 할 수 있다. 또한 대규모 청중을 염두에 두고 제
작하면서도 연령별, 특성별로 필요한 교육 내용을 선별하여
가르칠 수 있도록 선정 기준을 정하고 메뉴얼대로 활용할 수
있도록 했다.

▶ 교육 방법: 시청각 자료의 활용

약물예방교육에서는 상담 사례와 시청각 자료를 활용하여
비전문가가 교육할 때라도 전문가와 비슷한 효과를 나타낼
수 있도록 했다. 한 학급을 대상으로 한 교과 과정 형식으로
이루어져 있는 기존의 약물예방교육은 약물 자체에 대한 단
편적인 지식이나 약물을 사용하지 않는 데 도움이 되는 사회
적 기술 등의 나열에 그치고 있으므로 자칫 청소년들에게 강
의 자체에 대한 흥미나 동기를 떨어뜨릴 우려가 있다. 이런
경우 실제 상담 사례를 제공함으로써 교육 내용에 생명감을
불어넣고 전문 지식으로 교육 내용의 신뢰도를 높임으로써
학생들이 프로그램에 집중할 수 있도록 했다.

▶ 교육 내용: 삶 전반에 걸쳐

약물예방교육의 범위를 삶의 여러 영역으로 확대하여 앞에
서 살펴본 약물사용이 가지는 생리적, 심리적, 사회적 원인과
효과를 다각도로 분석하고 적용할 기회를 주고자 했다. 보건
교육의 연장선상에 있는 약물예방교육은 청소년의 건강을 중

심으로 한 신체적 측면에 주로 초점을 두고 있는 데 비하여 본 교육 프로그램은 청소년의 여가시간의 활용 방법, 장래 계획의 설정, 가족 역동의 통찰 등이 이루어지도록 도와주어 약물에 유혹을 받는 청소년들의 다양한 고민들이 이 영역 안에 대부분 포함될 수 있도록 했다.

▶ **대상에 따른 매뉴얼식 편집**

청소년의 발달 단계 및 특성을 고려하여 중학교 1~2학년용, 중학교 3학년~인문계 고등학교용, 중학교 3학년~실업계 고등학교용의 세 가지로 구분했다. 이렇게 대상을 구분한 것은 경험적으로 볼 때 중학교 2학년이 문제 청소년과 정상 청소년으로 나뉘는 갈림길이 되는 시기이며 인문계 고등학교와 실업계 고등학교 청소년에게 나타나는 문제가 서로 상이하다는 판단에서다. 교육 내용도 각 대상별로 차이를 보이는데, 이는 연령별로 주로 고민하는 내용에도 차이가 있다. 이해할 수 있는 자세한 내용은 역시 프로그램 활용법을 참조하기 바란다.

1. 시간: 총 100분 정도(수업시간으로 2시간)
2. 장소: 전 학년 또는 전교생이 모일 수 있는 강당 또는 시청
   각실
3. 강사: 보건교사 또는 상담교사/학생들에게 신임을 받는 평

교사 등

4. **실시 방법**: 본 프로그램 왼쪽 면에 있는 OHP 자료를 비닐 필름에 복사하여 스크린에 띄우고 각 제목별로 작성된 교육 내용 내레이션 부분을 강의한다.

5. **준비물**: OHP용 영사기 및 스크린, OHP 비닐 필름(교재복사용), 마이크

대상별 교육 내용의 차이를 살펴보면, 우선 약물에 대한 개관(의존성, 내성, 사용 위험군, 약물 거절법, 스트레스 대처법)과 친구/이성친구에 관한 내용은 모든 대상에게 가르치도록 했다. 이는 약물 자체에 대한 기본적인 태도와 지식을 갖출 수 있도록 하고, 약물을 사용하게 되는 주된 계기가 친구관계를 통해서 이루어지기 때문에 이 부분에 대한 분명한 교육이 필요하다고 생각되었기 때문이다.

다음으로 청소년에게 흔히 남용될 수 있는 약물로 술과 담배, 흡입제 세 가지를 선택하여 각각의 생리작용과 중독 사례, 끊는 방법을 구체적으로 소개했다. 중학교 2학년 이하의 연령에 해당되는 학생들에게는 술이나 흡입제 남용이 아직은 큰 위험요소가 아닐 수 있다는 생각에서 이들에게는 담배에 대한 교육 내용을 선택하여 사용하도록 했다. 이들이 발달 단계에서 아직 형식적 조작기로 들어가기 이전 시기인 점을 고려하여 다소 추상적일 수 있는 진로라든가 가족에 관한 교육

내용은 제외하도록 했다. 그러나 지역적으로 주변 환경이 열악하여 이 연령에 해당되는 학생들에게서도 흡입제의 남용이 심각하다든지, 좋은 환경에서 모인 아이들로 지적 능력이 뛰어나 진로나 가족에 대한 추상적 사고를 할 수 있다고 판단되는 경우라면 굳이 이러한 제약을 그대로 따를 필요가 없이 융통성 있게 사용하는 것이 좋겠다. 똑같은 논리로 중학교 3년~인문고용, 중학교 3년~실업고용으로 선택된 교육 내용이라도 프로그램 운영의 묘를 살려 교육 대상과 시간 등의 형편에 맞게 활용할 수 있다. 다음에 교육 대상별 교육 내용을 표로 나타내었으며, 교육 내용 가운데 몇 가지 OHP 화면 자료와 그에 대한 설명을 제시했다.

〈표 5〉 대상별 약물예방교육 내용

구분 / 대상	약물 개관	담 배	술	흡입제	친구/이성친구	놀 이	진 로	가 족
소요시간	15~20분	15~20분	15~20분	15~20분	15~20분	15~20분	15~20분	15~20분
교육내용	약물중독 약물 사용 이유 약물 사용자의 특징	생리작용 중독사례 끊는 방법	생리작용 중독사례 끊는 방법	생리작용 중독사례 끊는 방법	친구에 대한 오해 친구에 매이는 이유 이성 친구 사귀는 법	놀이와 약물의 관계 나에게 맞는 놀이 놀이를 위한 준비	진로탐색 진로계획 진로와 약물의 관계	가족의 감정세계 가족의 역할과 비밀 가족 관계와 약물
중1~2년	O	O	O		O	O		
중3~인문고	O		O		O		O	O
중3~실업고	O			O	O		O	O

• 흔히 약물을 사용하는 몇 가지 이유들

약물예방교육 프로그램

흔히 약물을 사용하는 몇 가지 이유들
1) 누구에게 내 얘기를 하는 게 힘들다. - 약물로 푼다.
2) 우리 가족이 창피하다. - 약물로 도망가고 싶다.
3) 열등감에 시달린다. - 약물에 취하고 싶다.
4) 어려움을 적절히 처리하는 방법을 모른다. - 약물에 매달린다.
5) 친구가 인생의 모든 것이다. - 약물을 안 하면 친구가 떠난다.
6) 재미있게 노는 방법을 잘 모른다. 심심하다. - 약물을 즐긴다.
7) 공부가 재미없어 시간이 너무 많이 남는다. 무료하다. - 약물로 때운다.

그러면 이렇게 자신에게 치명적이 될 수도 있는 약물에 왜 손을 대게 될까? 대체로 약물의 유혹에 쉽게 넘어가는 사람일수록 마음이 약한 경향이 있다. 마음이 약하다는 것은 자신에 대해 자신감이 없어서 자기 나름대로의 뚜렷한 주관을 가지지 못하고 남들이 하자는 대로 휩쓸리기 쉽다는 것을 뜻한다. 그러니 약물을 함께 하자는 제의를 받을 때 뿌리치지 못하고 넘어간다. 또 이런 사람들일수록 자기를 자신 있게 표현하는 것이 어렵다. 내가 기분이 좀 나쁘더라도 이것을 다른 사람에게 얘기하면 받아줄까, 나를 안 좋게 보지는 않을까를 걱정하는 사람들은 가족이나 친구들에게 자기 마음을 얘기하지 못하고 사람이 아닌 약물에게 자기 마음을 털어놓는 경우가 많다. 이렇듯 남에게 얘기하기 어려운 문제 가운데는 가족 문제가 포함된다. 아버지가 어머니를 매일 때리는 걸 보면서 어쩔 줄 모른다거나 부모님 중 한 분이 친부모가 아니라든가 하는 이야기를 누구에게 가서 하겠는가?

다음으로 약물을 사용하는 이유 가운데는 자신이 부딪히는 삶의 어려움을 생산적으로 해결하는 방법을 잘 모를 때 어려움을 피하기 위해 약물에 매달리는 경우를 볼 수 있다. 이때 친구들은 자신이 의식하든 의식하지 못하든 이런 삶의 짐을 함께 나눌 수 있는 가장 좋은 대상이다. 그래서 친구들과 보내는 시간이 기다려지고 지나치게 친구들에게 의지하게 되며, 친구들이 약물을 권하면 뿌리치지 못하고 마지못해 시작하는 경우도 종종 있다. 실제로 약물을 사용하는 친구들이 약물을 사용하는 이유로 가장 많이 이야기하는 것은 약물을 하면 재미있다는 것인데, 이는 건전하고 재미있게 놀 수 있는 방법을 잘 모르기 때문에 나타나는 현상이다.

마지막으로 다른 친구들은 뭔가 자신의 미래를 위하여 공부든 직업 준비든 열심히 하고 있는데, 자신은 딱히 결정한 것도 없고 뭘 해야 될지 모르고 공부도 되지 않아 시간만 많이 남아서 남는 시간을 때우기 위해서 약물을 사용하기도 한다. 그러나 이상의 어떤 경우든 자신이 처한 삶의 어려움을 약물로 풀려고 하는 그 순간부터 삶은 꼬이기 시작한다는 것을 명심하고, 이번 약물예방교육에서 이 어려움에 적극적으로 대처할 수 있도록 그 실마리를 찾아보자.

• 약물을 사용하는 사람들의 특징들

약물예방교육 프로그램	약물 개관 프로그램 3

약물을 사용하는 사람들의 특징들
1) 성격이 공격적이거나 충동적이다.
2) 성격이 소극적이거나 내성적이다.
3) 우울증에 시달린다.
4) 어릴 때부터 주의가 산만하고 집중이 안 되었다.
5) 너무나 충격적인 사건을 겪었다.
6) 지능이 모자란다.
7) 공부를 못한다.
8) 가족 중에 술 문제를 가진 사람이 있다.
9) 약물에 대해 지나친 기대를 한다.

앞에서 살펴본 것과 같이 일상적으로 약물의 유혹을 받는 경우와 달리, 특별히 약물을 사용하기 쉬운 요소들을 갖고 있는 사람들이 있다. 이 경우는 약물을 사용하지 않도록 하는 것과 더불어 원래 자신이 가진 더 근본적인 문제를 해결하거나 이에 대한 대책을 세우는 데 주의를 기울여야 한다. 먼저 어릴 때부터 성격이 공격적이거나 충동적인 사람들 또는 매우 소극적이거나 내성적인 사람들일수록 약물을 많이 사용한다는 연구결과가 있다. 또한 우울증이나 주의 산만, 정신지체 등의 특별한 정신적 문제를 가진 경우도 약물사용의 경향이 높게 나타난다. 삼풍백화점 사고, 성수대교 붕괴 사고와 같은 끔찍한 사고 현장에 함께 있었던 사람들 중에는 이러한 충격을 제대로 이겨 내지 못하여 약물에 의지하게 된 경우도 있었다. 특히, 집안사람들 중에 술 문제 등의 약물문제를 가진 사람이 있을 때 의식적으로는 '나는 저렇게 하지 말아야지.'라고 생각은 하지만, 무의식적으로는 술을 마시거나 약물을 사용하는 방법으로 삶의 어려움을 해결하는 것을 배울 수 있으므로 주의해야 한다. 마지막으로 약물이 가져오는 결과에 대해 비현실적으로 지나친 기대를 하는 사람들이 있다. 예를 들어, '약물을 사용하면 기분이 좋아질 거야.'라는 생각은 잘못된 것이다. 순간적으로는 기분이 잠깐 좋아질지 모르지만 약물에서 깨고 나서의 불쾌감과 그에 따른 죄책감, 들키면 어떻게 하나 하면서 받는 스트레스는 생각지 못한 결과다. '심심한데 약물이나 하지.'라는 생각에서 당장은 약물을 사용해서 몇 시간 때울 수 있겠지만 약물로 때운 시간 때문에 더 이상 생산적인 일을 할 기회를 잃어버려 다시 삶이 무료해지고 심심한 시간이 늘어나는 악순환을 초래한다.

• 친구에 대해 가질 수 있는 오해들

약물예방교육 프로그램 친구   이성친구 개관 프로그램 1

친구에 대해 가질 수 있는 오해들
1) 친구와 함께라면 모든 것이 즐겁다.
2) 친구에게 "싫어."라고 말하는 것은 그 친구를 배신하는 것이다.
3) 친구를 위해서라면 무엇이든 할 수 있다.
4) 친구와 있으면 무서울 것이 없다.
5) 친구 없이 산다는 것은 죽을 맛이다.
6) 친구는 나의 피난처다.
7) 부모님과 친구의 입장은 다를 수밖에 없다.

친구들에 대해 흔히 가질 수 있는 다음의 일곱 가지 생각 가운데 내 생각과 비슷한 것이 몇 가지나 되는지 한번 세어

보라. 두 가지 이상 꼽은 사람은 나중에 약물을 사용할 가능성이 어느 정도 있는 사람들이고 네 가지 이상을 꼽은 사람은 약물을 함께 사용하자는 친구의 제의가 들어왔을 때 거의 그 제의를 뿌리치지 못할 사람이라고 볼 수 있다. 친구와 함께하는 모든 것이 즐겁고 자신에게 도움이 될 수는 없다. 친구에게 "싫어."라고 말할 수 있는 사람이 자율적이고 독립된 한 인간으로 성장해 갈 수 있는 것이다. 친구를 위해서라면 나쁜 일이라도 서슴지 않고 무엇이든 다 해 주는 것이 바른 의미의 의리가 아니다. 친구와 있으면 무서울 것이 없는 것 같은 기분이 드는 것이지 실제로 친구들이 본드나 가스를 하다 유해화학 사범으로 체포되거나 건강을 엄청나게 해치는 신체적 위협에서 보호해 줄 수 있는 능력이 있는 것이 아니다. 친구 없이 사는 것은 죽을 맛일 수 있다. 이 경우는 가정에서 부모나 형제로부터 자신의 위치를 인정받지 못하고 따뜻한 사랑을 경험하지 못한 청소년들이 친구 세계에서 이를 경험했을 때 느끼게 되기 쉽다. 그러나 사람은 친구만 있다고 살 수 있는 존재는 되지 못한다. 같은 의미로 친구는 잠시 자신의 피난처 역할이 되어 줄 수는 있지만 영원한 안식처를 제공해 주지는 못한다. 마지막으로 부모와 친구를 동시에 만족시키는 것은 불가능하다고 생각하는 청소년들이 일반적으로 자신과 관계가 좋지 않은 부모보다는 친구들의 요구를 무조건 따를 때도 약물에 빠지기 쉽다.

2. 약물상담기관

• 마약류 중독자 치료보호기관*

연번	관할기관	병원명	소재지	담당부서	전 화	전 송
1	식약청	국립부곡정신병원 부설 마약류중독 진료소	경상남도 창녕군 부곡면 부곡리 70	서무과	055-520 -2518	055-536 -6444
2	식약청	국립서울정신병원	서울시 광진구 중곡3동 30-1	서무과	02-2204 -0154	02-452- 0162
3	식약청	국립나주정신병원	전라남도 나주시 산포면 산제리 501	의료부	061-330 -4107	061-336 -8125
4	서울시	서울시은평병원	서울시 은평구 응암동 산6	원무과	02-300 -8114	02-304- 4811
5	부산광역시	지방공사 부산광역시의료원	부산광역시 연제구 연산4동 602-37	원무과	051-850 -0144	051-850 -0108
6	부산광역시	부산시립정신질환 내담자요양병원	부산광역시 사상구 학장동 산62-2	원무과	051-601 -7723	051-326 -3270
7	대구광역시	지방공사 대구의료원	대구광역시 서구 중리동 1162	원무과	053-560 -7442	053-564 -2929
8	인천광역시	지방공사 인천의료원	인천광역시 동구 송림4동 318-1	원무과	032-580 -6000	032-580 -6460
9	인천광역시	사회복지법인 은혜병원	인천광역시 서구 심곡동 27-2	원무과	032-562 -5101	032-566 -4336
10	광주광역시	광주성은병원	광주광역시 광산구 삼거동 605-1	총무과	062-600 -5212	062-944 -2526
11	대전광역시	한마음정신병원	대전광역시 서구 장안동 513-1	원무과	042-582 -9700	042-583 -8275
12	울산광역시	큰빛병원	울산광역시 남구 신정2동 1650-9	진료부	052-272 -2505	052-271 -1447
13	경기도	지방공사경기도 의정부의료원	경기도 의정부시 의정부2동 433	원무과	031-828 -5162	031-828 -5021

14	경기도	용인정신병원	경기도 용인시 구성면 상하리 4	원무과	031-288 -0125	031-288 -0180
15	경기도	계요병원	경기도 의왕시 왕곡동 280-1	원무과	031-455 -3333	031-452 -4110
16	강원도	지방공사강원도 춘천의료원	강원도 춘천시 효자3동 17-1	총무과	033-258 -2356	033-251 -0374
17	충청 북도	지방공사충청북도 청주의료원	충청북도 청주시 흥덕구 사직동 554-6	정신과	043-279 -2300	043-279 -2530
18	충청 남도	지방공사충청남도 홍성의료원	충청남도 홍성군 홍성읍 고암리 572-6	원무팀	041-630 -6281	041-633 -6117
19	전라 북도	지방공사전라북도 군산의료원	충청남도 군산시 금동 14	원무과	063-441 -1127	063-441 -1235
20	전라 남도	지방공사전라남도 목포의료원	전라남도 목포시 용해동 133-1	업무과	061-270 -6110	061-270 -6109
21	경상 남도	지방공사경상남도 진주의료원	경상남도 진주시 중안동 4	원무과	055-745 -8000	055-740 -8243
22	경상 북도	지방공사경상북도 포항의료원	경상북도 포항시 북구 용흥동 315	원무과	054-247 -0551	054-247 -0559
23	제주도	지방공사제주도 제주의료원	제주도 제주시 삼도1동 154	원무과	064-750 -1234	064-757 -8276

* 한국마약퇴치운동본부 상담실 제공 자료임.

• 민간치료병원

연 번	병원명	소재지	연락처
1	평온신경정신과의원	서울시 광진구 중곡동	02-2201-8258
2	천주의성요한의원	전라남도 광주시 북구 유동	061-510-3114
3	다사랑중앙병원	경기도 의왕시 오전동	031-340-5000

•약물상담실 및 관련기관

연 번	기관명	소재지	전 화	전 송
1	복지와 사람들	서울시 구로구 구로동 612-12 창무빌딩 203호	02-2679 -9353	02-2679 -9354
2	서울 YMCA 청소년 약물상담실	서울시 서초구 반포동 114-3	02-599 -8462	02-599 -6762
3	한국알코올 약물상담소	서울시 영등포구 영등포우체국 사서함 161호	02-842 -0004	02-833 -9191
4	대경청소년 약물상담센터	대구광역시 중구 포정동 75-4 사회복지회관 2층	053-422 -1318	053-431 -6101
5	나우리정신건강센터	서울시 강남구 대치동	02-508 -8700	
6	강남구약물상담실	서울시 강남구 수서동	02-3411 -5881	
7	새샘터	경기도 김포시 통진면	031-997 -4516	
8	한국마약퇴치 운동본부	서울특별시 영등포구 당산동 6가 238	02-2677 -2245	

|참고문헌|

강경호(2003). 중독의 위기와 상담. 서울: 한사랑가족상담연구소.

강수돌(2003). 노동중독의 이론과 실증에 관한 시론적 연구. 산업노동연구, 9(1), 197-233.

고복자, 김소야자, 김경빈, 나동석(1992). 청소년 약물오남용 예방교육 지침서. 체육청소년부.

권순경(1989). 중, 고등학생의 약물남용 실태조사 및 대책에 관한 연구. 덕성여자대학교 의약자원개발연구소.

금명자, 이향림, 권해수(1995). 약물 남용 청소년 상담 프로그램 개발연구 I. 서울: 청소년대화의 광장.

김경빈(1992). 청소년 약물 오남용. 보건사회부 대한보건협회.

김경빈(1995). 약물사용과 증상론-약물남용자에 대한 전문적 개입과 재활서비스. 한국마야퇴치운동본부.

김경빈(1996). 약물중독선별검사표. 한국형 약물중독 선별검사표 제작에 관한 연구. 서울: 문화체육부.

김상희, 최영신, 신선미(1991). 청소년의 약물남용과정에 관한 연구. 한국형사정책연구원.

김성이(1989). 청소년 약물남용 실태와 예방. 체육부.

김성이(1991). 청소년의 약물남용과정에 관한 연구. 형사정책연구, 2(3), 37-74.

김성이(1992). 약물남용 청소년을 위한 집단교육과 또래교사 활용. 체육청소년부.

김성이(1995). 청소년 약물남용 예방, 재활 프로그램. 서울: 문화체육부.

김성이(1996). 청소년 약물남용 실태와 예방대책 연구. 서울: 문화체육부 청소년
　　정책실.

김성이(2002). 약물중독총론. 서울: 양서원.

김성이, 김재은, 유충규, 이재광, 최선화(1989). 청소년 약물남용실태와 예방.
　　체육청소년부.

김소야자, 김선아, 공성숙, 김명아, 서미아(1999). 청소년 약물남용 예방교
　　육의 프로그램 효과. 대한간호학회지, 2(1), 150-159.

김유숙, 전영주, 김수연(2003). 가족평가 핸드북. 서울: 학지사.

김준호, 박정선(1995). 청소년의 약물남용 실태에 관한 연구: 술, 담배를 중심으로.
　　서울: 한국형사정책연구원.

김중술(2003). 다면적 인성검사. 서울대학교 출판부.

김진희(1998). 약물남용 청소년을 위한 부모개입 프로그램 연구. 청소년상담
　　연구, 60. 서울: 청소년 대화의 광장.

김헌수, 민병근, 이철(1988). 약물남용 청소년의 환경역동적 분석. 중앙의대
　　지, 13(4), 491-497.

김헌수, 유영식, 나철, 이철, 민병근(1988). 청소년의 약물문제. 중앙의대지,
　　13(3), 417-424.

김혜균(1999). 청소년 약물사용예방을 위한 부모교육프로그램 개발에 관한
　　연구. 가톨릭대학교 석사학위논문.

김혜숙, 김순진, 송종용, 최은영(1994). 청소년 약물남용 예방상담: 실천이
　　론연구. 청소년상담연구, 9. 서울: 청소년 대화의 광장.

성상경(2001). 알코올 약물중독 치료의 실제. 서울: 하나 출판사.

손현기(2003). 인터넷중독 상담 전략. 한국정보문화센터.

심영희(1993). 약물남용의 실태와 통제방안. 한국형사정책연구원.

양종국(1992). 약물남용 청소년의 성격에 관한 연구. 건국대학교 대학원
　　석사학위논문.

유채영 외(2001). 전국 알코올 약물상담 치료편람. 국무총리 청소년보호위원회.

이근후(1992). 약물남용자의 치료상 문제점과 대책. 한국형사정책연구원.

이숙영, 최은영(1996). 약물남용청소년 상담프로그램개발연구II. 한국청소년상
　　담원.

이영순(2000). 약물남용 청소년을 위한 생활기술훈련 프로그램의 효과: 정
　　보제공 및 정서중심 프로그램과 비교하여. 전북대학교 대학원 박
　　사학위논문.

이윤로(1997). 청소년 약물남용의 원인과 치료. 서울: 문음사.

이장호, 김정희(1992). 집단상담의 원리와 실제. 서울: 법문사.

이정균(1988). 약물 오남용 예방지도. 서울특별시교육연구원.

이형초, 안창일(2002). 인터넷 게임중독의 인지행동치료 프로그램 개발 및
　　효과 검증. 한국심리학회지: 건강, 7(3), 463-486.

이혜성 외(1998). 청소년 개인상담 실습교재. 서울: 한국청소년상담원.

이홍표(2002). 도박의 심리. 서울: 학지사

이훈규, 이경재(1996). 청소년의 약물남용 예방전략. 한국형사정책연구원.

이훈규, 최병각(1996). 약물남용자의 치료와 재활. 한국형사정책연구원.

장재홍, 유정이, 권해수, 김형수, 최한나(2002). 청소년의 인터넷 과다사용 예방
　　프로그램 개발연구. 서울: 한국청소년상담원.

장정연(1999). 청소년 약물남용과 가족변인간의 관계 연구: 약물남용 청소
　　년과 일반 청소년 비교를 중심으로. 가톨릭 대학교 대학원 석사학
　　위논문.

주왕기, 곽영숙, 주진형(2000). 약물남용 어떻게 치료할 것인가. 서울: 월드문
　　화.

주왕기, 김경빈, 이숙영, 맹영진(1996). 청소년약물상담. 청소년대화의 광장.

주왕기, 주진형(2003). 약물과 사회 그리고 인간행동. 서울: 라이프사이언스.

진희숙(1994). 청소년의 흡연, 음주 및 약물남용의 실태와 요인. 중앙대학
　　교 석사학위논문.

조현춘 외 공역. 심리상담과 치료의 이론과 실제(제4판). 시그마프레스.

차종천, 최영신(1993). 약물남용과 범죄와의 관계. 한국형사정책연구원.

최선화(1996). 청소년과 약물남용. 서울: 홍익제.

최은영, 양종국(2005). 청소년 비행 및 약물중독상담. 서울: 학지사.

한국정보문화센터 편(2002). 인터넷중독 상담전략. 한국정보문화센터.

한국형사정책연구원(1997). 청소년의 약물남용 예방전략. 한국형사정책연구원.

홍경자, 김태호, 남상인, 오익수(1996). 청소년 집단상담. 서울: 청소년대화의광장.

황상민(2000). 사이버공간에 또다른 내가 있다. 서울: 김영사.

Anderson, S. A., & Nuttal P. E. (1987). Parent communication training across three stages of Childrearing. *Family Relations, 36,* 40-44.

Annis, H. M. (1982). *Inventory of Drinking Situations.* Toronto: Addiction Research Foundation of Ontario.

Bandura, A. (1969). *Principles of behavior modification.* New York: Holt, Rinehart & Winston.

Bohman, M., Sigvardsson, S., & Cloninger, C. R. (1981). Maternal inheritance of alcohol abuse. *Archives of General Psychiatry, 38,* 965-969.

Bratter, T. E. (1974). Reality therapy: A Group Psychotherapeutic Approach with adolescent Alcoholics. *Annals of the New York Academy of Sciences, 233.*

Brook, J. S., Brook, D. W., Gordon, A. S., Whiteman, M., & Cohen, P. (1990). The psychosocial ethology of adolescent drug use: A family interactional approach. *Genetic, Social, and General Psychology Monographs, 116,* 2.

Brown, D. T., & Prout, H. T. (1989). *Counseling and Psychotherapy with Children and Adolescents : Theory and Practice for School and*

Clinic Settings (2nd ed.). Vermont: CPPC.

Buckley, P. (1986). *Essential papers on object relations.* N.Y.: New York University Press.

Carroll, K. M. (1998). *A cognitive-behavioral approach: Treating cocaine addicts. Manual I : Therapy manual for drug addicts.* Rockville, MD: NIDA, DHHS.

Cashdan, S. (1988). *Object relations therapy: Using the relationship.* N.Y.: Norton.

Corey, G. (1996). *Theory and Practice of Counseling and Psychotherapy* (5th ed.). Brooks/Cole.

Dagley, J. C., Gazda, G. M., & Pistole, M. C. (1986). *An introduction to the counseling profession.* IL: Peacock: Itasca.

Elias, M. J., & Weissberg, R. P. (1989). School-based social competence promotion as a primary prevention strategy: A tale of tow projects. *Prevention in Human Services, 7,* 177-200.

Elkind, D. (1967). Egocentrism in adolescence. *Child Development, 38,* 1025-1034.

Ferree, M. C. (2001). Female and sex addiction. *Sexual Addiction & Compulsivity, 8,* 287-300.

Gitelson, M. (1948). Character synthesis: the psychotherapeutic problem of adolescence. *America Journal of Orthopsychiatry, 18,* 422-431.

Goldstein, A. R., Reagles, K. W., & Amann, L. L. (1990). *Refusal skills: Preventing drug use in adolescents.* Champaign, IL: Research Press.

Goodwin, D. W. (1985). Alcoholism and genetics: The sins of fathers. *Archives of General Psychiatry, 42,* 171-174.

Grube, J. W., & Morgan, M. (1990). Attitude-Social Support Interactions: Contingent Consistency Effects in the Prediction of Adolescent Smoking, Drinking, and Drug Use. *Social Psychology Quarterly, 53,*

329-339.

Holder, H., Longabough, R., Miller, W. R., & Rubonis, A. V. (1991). The cost effectiveness of treatment for alcoholism: A first approximation. *Journal of Studies on Alcoholism, 52,* 517-540.

Hser, Yih-Ing, Grella, Collins, C. E., & Cheryl, C. T. (2003). Drug-use initiation and conduct disorder among adolescents in drug treatment. *Journal of Adolescence 26,* 331-345.

Jessor, R., & Jessor, S. (1977). *Problem behavior and psychological development: A longitudinal study.* New York: Academic Press.

Joanning, H. (1992). Treating Adolescent Drug Abuse: A Comparison of Family Systems Therapy, Group Therapy, and Family Drug Education. *Journal of Marital and Family Therapy, 18*(4), 345-356.

Joseph, L. W. (1989). *The Troubled Adolescent.* New York, Oxford, Beijing, Frankfurt, Sydney, Tokyo, Toronto: Pergamon Press, 257-295.

Kernberg, O. F. (1984). *Severe Personality disorders.* New Haven: Yale University Press.

Klein, M. (1952). *Some theoretical conclusions regarding the emotional life of the infant.* New York: Delacorte Press.

Kohut, H. (1971). *The analysis of the self.* New York: International University Press.

Larson, J. D. (1992). Anger and aggression management techniques utilizing the Think First Curriculum. *Journal of Offender Rehabilitation, 18,* 101-117.

Lewis, J. A., Dana, R. Q., & Blevins, G. A. (2002). *Substance Abuse Counseling* (3rd ed.). Brooks/Cole: Pacific Grove, CA.

Lorion, R. P., Busell D., & Goldberg R. (1991). *Identification of youth at high for alcohol or other drug problems.* In E. N. Goplerud (Ed.), *Preventing adolescent Drug Use: From Theory To Practice.* U.S.

Department of Health and Human Services, Public Health Service.
Alcohol, Drug Abuse, and Mental Health Administration.

Lowinson, J. H., Ruiz, P., & Millman, R. B. (1992). *Substance Abuse: A Comprehensive textbook.* Williams & Wilkins.

Lynn T. Kozlowski (1990). *Research Advances in Alcohol and Drug Problems.* N.Y.: Plenum press, 15-38, 81-156, 215-250.

Mahler, M., Pine, F., & Bergman, A. (1991). *The psychological birth of the human infant Symbiosis and individuation.* New York: Basic Books.

McCardy, B. S. (1981). Treating the alcoholic marriage. *American Journal of Family therapy, 9,* 87-89.

McClelland, D. C., Davis, W. N., Kalin, R., & Wanner, E. (1972). *The drinking man.* New York: Free Press.

Meyers, R. J., & Smith, J. E. (1995). *Clinical guide to alcohol treatment: The community reinforcement approach.* New York: Guilford Press.

Moberg, D. P., & Hahn, L. (1991). Adolescence drug involvement scale. *Journal of Adolescent Chemical Dependency, 2*(1), 75-88.

Monti, P. M., Abrams, D. B., Kadden, R. M., & Cooney, N. L. (1989). *Treating alcohol dependence: A coping skills training guide.* New York: Guilford Press.

Muisener, P. P. (1994). *Understanding and treating adolescent substance abuse.* CA: Sage Publications.

Nowinski, J. (1990). *Substance Abuse in Adolescents and Young Adults: A Guide to Treatment.* W. W. Norton & Company.

Olson, D. H., McCubbin, H. I., Barnes, A., Larson, M. M., & Wilson, M. (1983). *Families: What Makes Them Work.* Newbury Park, California: Sage.

Pittman, D. J. (1967). Some sociocultural aspects of alcoholism. In D. J. Pittman (Ed.), *Alcoholism.* New York: Harper & Row.

Prothow-Stith, D. (1987a). *Violence prevention curriculum for adolescents*. Newton, MA: education Development Center, Inc.

Rachman, A. W. (1975). *Identity Group Psychotherapy with Adolescents*. Springfield, IL.: Thomas.

Rachman, A. W., & Heller, M. (1974). Anti-therapeutic factors in therapeutic communities for drug rehabilitation. *Journal of Drug Issues, 4,* 393-403.

Ress, C. D., & Wilborn, B. L. (1983). Correlated of drug abuse in adolescents: A Comparison of families of drug abusers with families of nondrug users. *Journal of Youth and Adolescence, 12.*

Richard, J. Frances, Sheldon, I. Miller (1991). *Clinical Textbook of Addictive Disorders*. NY: The Guilford press, 3-22, 271-298, 320-346.

Robinson, B., & Kelley, L. (1998). Adult children of workaholics: self-concept, anxiety, depression, and locus of control. *The American Journal of Family Therapy, 26*(3), 223-238.

Schulman, I. (1952). The dynamics of certain reactions of delinquents to group psychotherapy. *International Journal of Group Psychotherapy, 2,* 334-343.

Steven, D. Brown, & Robert, W. Lent (1992). Handbook of Counseling Psychology (2nd ed., pp. 793-822). N.Y.: A Willy-Interscience Publication.

Thombs, D. L. (2006). *Introduction to Addictive Behaviors* (3rd ed.). New York, London: The Guilford Press.

Yalom, Di. Irvin (1975). *The Theory and Practice of Group Psychotherapy*. N.Y.: Basic Books.

• 인터넷 사이트

http://www.kyci.or.kr/한국청소년 상담원

http://www.drugfree.or.kr/한국마약퇴치 운동본부

http://home.megapass.co.kr/%7Eiamjeff/ data/drug/drug34.htm

http://home.megapass.co.kr/%7Eiamjeff/ data/drug/drug31.htm

http://home.megapass.co.kr/%7Eiamjeff/ data/drug/drug24.htm

|찾아보기|

인명

내용

저자 소개

최은영

서울대학교 약학과를 졸업하고 동 대학교 교육학과에서 상담 전공으로 석사와 박사 과정을 마쳤으며, 최근 아세아연합신학대학교에서 신학전공으로 석사학위를 취득하였다. 1991년부터 국립서울정신병원, 김경빈신경정신과, 전국의 소년원, 한국청소년상담원 등에서 많은 알코올 및 약물 중독자들을 만나고 상담하였다. 한국청소년상담원 선임상담원, 칼빈대학교 교수를 거쳐 현재 횃불트리니티신학대학원대학교에 재직 중이다. 『약물남용청소년 상담프로그램개발연구 Ⅱ』 『청소년 약물남용예방프로그램 개발연구』 『청소년 비행 및 약물중독상담』 등 10여 편의 공저서와 「자서전 분석방법에 의한 알코올 중독과정의 분석」 「약물남용 청소년의 인간관계 분석」 등의 학위논문이 있다. 「The Psychological Difficulties and Counseling Guideline of Adult Children of Alcoholics」 「Drug Prevention Education in Asia-Pacific Countries」 「Application of Larry Crabb's Counseling Model to Addiction Counseling」 등 중독과 기독교상담에 관련된 20여 편의 논문이 있다.

상담학 Best Practice 시리즈-상담문제 영역 2

약물중독

2008년 5월 15일 1판 1쇄 인쇄
2008년 5월 20일 1판 1쇄 발행

지은이 • 최은영
펴낸이 • 김진환
펴낸곳 • 학지사

121-837 서울특별시 마포구 서교동 352-29 마인드월드빌딩 5층
대표전화 • 02)326-1500 / 팩스 02)324-2345
홈페이지 • http://www.hakjisa.co.kr
등 록 • 1992년 2월 19일 제2-1329호

ISBN 978-89-5891-673-4

정가 11,000원